Nathalie VEG-SALA

LE MARKETING EN 101 SCHÉMAS

80 % visuels + 20 % QCM = 100 % réussite

Vuibert

Conception graphique, illustrations et composition : Nathalie Dudek
ISBN : 978-2-311-41363-2

www.vuibert.fr

Sommaire

Partie 4

LA MARQUE |199

Chapitres

Partie 5

POUR ALLER PLUS LOIN... |245

Chapitres

Avant-propos

Ce livre pratique et visuel a été conçu pour vous permettre d'apprendre ou de réviser les fondamentaux du marketing grâce à 101 schémas, accompagnés d'exemples concrets et de mises en application. Pour faciliter l'acquisition des connaissances, la compréhension et la mémorisation de l'ensemble de la démarche marketing, les schémas ont été élaborés en considérant le marché des produits. Ceux-ci seraient alors à adapter selon les contextes et leurs spécificités.

Le livre s'adresse aux étudiants d'universités et d'écoles de commerce mais également aux professionnels du marketing qui souhaitent se familiariser avec certains outils.

Après une section introductive, le livre est organisé en quatre grandes parties : le marketing des études, le marketing stratégique, le marketing opérationnel et la marque. Il se conclut par un ensemble de schémas dédiés aux évolutions du marketing et aux divers contextes dans lesquels il peut opérer.

À la fin de chaque section, un quiz vous permettra de vérifier la bonne assimilation des concepts, des outils et des procédures marketing. La présence d'un QR code vous permettra de prolonger votre auto-évaluation en ligne grâce à de nombreuses autres questions. Un lexique reprenant les termes les plus pertinents est également intégré à la fin de chaque partie.

J'espère que ce livre vous accompagnera tout au long de vos études, de vos révisions et de votre vie professionnelle.

Bon apprentissage !

QU'EST-CE QUE LE MARKETING ?

Schémas

1 Les prémices du marketing
2 La définition du marketing
3 Du marketing transactionnel au marketing relationnel
4 Le marketing et la création de valeur perçue
5 La démarche marketing
6 Quelques idées erronées concernant le marketing

+ Quiz
Lexique

Introduction

À quelle période remontent les premières pratiques du marketing ?
Quand le mot marketing a-t-il été utilisé pour la première fois ?
Quand les premières théories marketing sont-elles apparues ?
Quelles sont les frontières de la discipline ?
Quelles sont les organisations concernées ?

À ces nombreuses questions, peu de consensus. Certains soutiennent que les prémices du marketing sont observables dès l'Antiquité, tandis que d'autres les situent au début du xxe siècle. Des voix plaident en faveur de limiter le marketing exclusivement aux entités commerciales, tandis que d'autres mettent en avant l'utilité étendue de cette discipline pour les associations à but non lucratif et les institutions publiques.

Il est indéniable qu'aucune définition incontestable du marketing et de son champ d'application ne peut être établie, car cette discipline est en perpétuelle évolution. Elle se forge, se développe et se modifie au gré des époques, s'adaptant aux diverses transformations sociétales, technologiques et environnementales.

Dans ce chapitre introductif, les schémas présentés ont pour objectif de clarifier ce qu'est le marketing et de souligner ses origines, ses fondements et ses évolutions.

schéma 1 Les prémices du marketing

Pour mieux comprendre comment le marketing est apparu dans les années 1950 en tant que discipline des sciences de gestion, il est nécessaire de revenir aux périodes qui l'ont précédé :

- L'ère de la production (entre les années 1870 et 1930)
- L'ère de la vente (entre les années 1930 et 1950)

Ère de la PRODUCTION → **Ère de la VENTE** → **Ère du MARKETING**

Ère de la PRODUCTION

(entre les années 1870 et 1930)

Après la révolution industrielle

Objectif : produire plus et moins cher

DEMANDE > OFFRE : pas assez de produits disponibles pour les consommateurs

Ère de la VENTE

(entre les années 1930 et 1950)

Après la Première Guerre mondiale

Objectif : écouler les stocks de produits à tout prix

OFFRE > DEMANDE : trop de produits fabriqués sans prêter attention aux attentes et aux besoins des consommateurs

Ère du MARKETING

(à partir des années 1950)

Objectifs : étudier les besoins des clients et développer des produits pour répondre à leurs besoins et leurs attentes

Extrait de l'interview

" Pierre Volle : la véritable histoire du marketing "

EXEMPLE

Par **Véronique Méot**
Publiée le 28 nov. 2012 dans *Marketing Magazine*

« **Véronique Méot : Nous fêtons les 60 ans du marketing, où en sont les controverses sur l'origine du concept ?**

Pierre Volle : L'histoire officielle dit que le marketing est né aux États-Unis vers 1950. Cette « ère du marketing » aurait succédé à l'ère de la vente (1930-1950), elle-même précédée par l'ère de la production (1870-1930). Ces repères chronologiques sont aujourd'hui remis en cause. Cependant, il faut distinguer les pratiques marketing des idées et des concepts. Le concept de segmentation a bien été formalisé dans les années cinquante. Pour autant, les pratiques de segmentation étaient monnaie courante bien avant cette date. Dans le chapitre « Marketing : comprendre l'origine historique » de mon ouvrage *MBA Marketing*, je cite l'exemple du marché des consommateurs homosexuels ou encore celui de l'automobile. Dans les deux cas, la segmentation client et la segmentation produit existaient depuis les années 1910-1920. Les premières expériences datent même de la fin du XXe siècle. En revanche, la conceptualisation – avec la spécialisation de professeurs, de consultants et de gourous, notamment en Europe – commence dans les années cinquante (l'association nationale du marketing – l'Adetem, par exemple, a été créée en 1954). Dans son dernier ouvrage, *Marketing 3.0*, Philip Kotler propose un schéma qui fait remonter la naissance du marketing formalisé aux années cinquante. Les pratiques étant nettement antérieures, nous pouvons nous interroger sur la persistance de repères chronologiques erronés. Pourquoi, en effet, ne pas faire coller l'histoire du marketing à sa réalité ? »

schéma 2 La définition du marketing (d'après l'Association française du marketing)

L'Association française du marketing (AFM) a été fondée en 1984. Elle a pour but de promouvoir la recherche en marketing et de transférer les résultats de ses travaux vers l'enseignement, les organisations et la société en général. Dans ce cadre, en tenant compte des évolutions de la discipline et des pratiques, l'AFM a proposé en 2016 une définition du marketing et du marketing management.

Quelques métiers du marketing

EXEMPLE

De nombreux métiers du marketing existent. Leur variété est importante, reflétant l'ensemble des éléments qui composent la définition même de cette discipline de gestion. En voici une présentation sélective :

Chef de produit
Responsable du développement, du lancement et de la gestion des produits d'une entreprise.

Analyste marketing
Responsable de l'analyse des données marketing afin de mesurer l'efficacité des campagnes, d'identifier les tendances du marché, de comprendre le comportement des consommateurs, etc.

Responsable expérience client
Chargé d'optimiser l'ensemble des interactions entre l'entreprise et ses clients afin d'offrir une expérience cohérente, fluide et satisfaisante à chaque étape du parcours client.

Community manager
Chargé de gérer et d'animer les communautés en ligne de l'entreprise, que ce soit sur les réseaux sociaux, les forums ou les plateformes de discussion, afin d'engager les membres et de favoriser les échanges.

Consultant en marketing
Expert externe chargé d'analyser les besoins marketing d'une entreprise et de recommander des stratégies et des solutions adaptées à ses objectifs.

Responsable CRM
(*customer relationship management*)
Chargé de gérer les bases de données clients, d'analyser les comportements d'achat et de mettre en place des stratégies de fidélisation et de rétention.

Responsable de la relation client
Chargé de créer et de maintenir des relations positives avec les clients, de répondre à leurs besoins et préoccupations, et de développer des programmes de fidélisation.

Chargé de veille concurrentielle
Responsable de surveiller et d'analyser les actions et les performances des concurrents sur le marché afin d'identifier les opportunités et les menaces pour l'entreprise.

schéma 3

Du marketing transactionnel au marketing relationnel

Le marketing est une discipline qui a beaucoup évolué. Parmi ses grandes mutations, on peut noter le passage du marketing purement focalisé sur le produit et les ventes (marketing transactionnel) à un marketing qui met davantage l'accent sur les liens avec les clients (marketing relationnel). Aujourd'hui, on considère que ces deux approches du marketing ne sont pas opposées mais complémentaires.

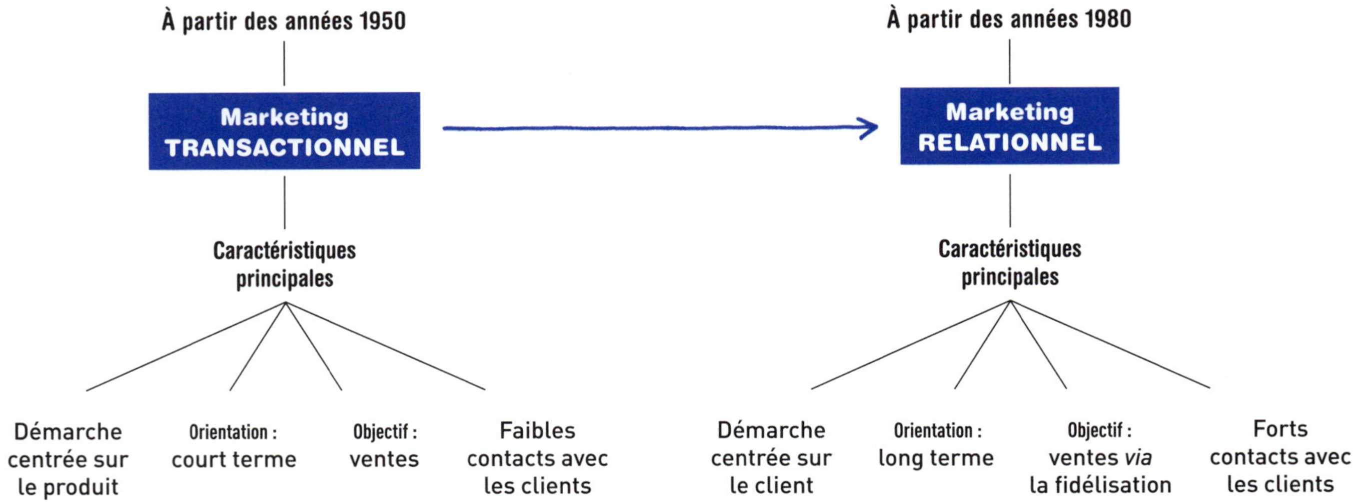

Intégration du marketing relationnel dans une entreprise de vélos

EXEMPLE

Nicolas a créé une entreprise de vélos en 2015 à Paris. Entre 2015 et 2023, son directeur marketing, Maurice, a mis en œuvre une stratégie et des pratiques issues du marketing transactionnel. Voici quelques éléments illustrant sa démarche :

Fixation d'objectifs de ventes sur chaque année en cours (vision à court terme)	Budget de communication totalement alloué aux supports de masse	Contenu des publicités focalisées sur les caractéristiques des vélos	Établissement de plusieurs périodes de promotions chaque année

Malgré des résultats positifs durant cette période, Nicolas, le directeur de l'entreprise, constate une certaine stagnation des ventes. Maurice, le directeur marketing, décide alors de faire évoluer sa stratégie et d'intégrer la logique du marketing relationnel. Son objectif n'est pas de changer totalement ce qui a été mis en place précédemment, mais de faire des ajustements et des améliorations.

Fixation d'objectifs de ventes à 5 et 10 ans en intégrant une progressivité (vision à moyen et long terme)	Budget de communication alloué en partie sur les supports de masse et en partie sur des actions de marketing direct (mails personnalisés)	Alternance des contenus des publicités focalisés sur les caractéristiques des vélos et sur les bénéfices de l'utilisation des vélos	Établissement d'un programme de fidélisation avec des promotions octroyées à chaque client en fonction de son profil

schéma 4

Le marketing et la création de valeur perçue

La valeur perçue d'une offre est au cœur du marketing. Une entreprise doit essayer de favoriser la perception par les clients de ce qu'ils obtiennent (bénéfices perçus) pour ce qu'ils donnent (coûts perçus) lorsqu'ils acquièrent un produit. Pour chaque offre de produit, plusieurs types de coûts et de bénéfices perçus peuvent être définis.

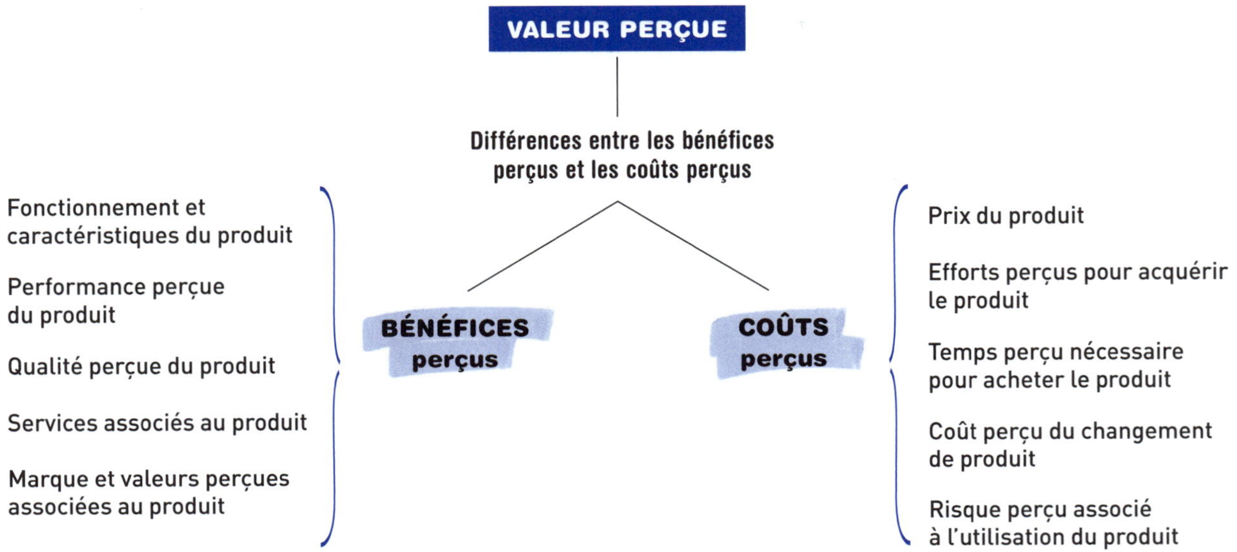

Comment les entreprises de covoiturage ont-elles créé de la valeur perçue pour les consommateurs ?

EXEMPLE

Même si la pratique du covoiturage connaît un essor en France à partir de 2009, en raison des préoccupations environnementales des usagers et du développement d'Internet, il a fallu un gros travail des entreprises comme BlaBlaCar, iDVROUM ou Roulezmalin pour créer de la valeur perçue pour les consommateurs et faire adhérer de plus en plus de conducteurs et voyageurs.

Accroissement des bénéfices perçus

- Une optimisation des tarifs pour voyager de façon plus **économique**
- Une communication efficace sur l'impact **écologique** des voyages en covoiturage
- Une volonté de valoriser les interactions et la **convivialité** entre voyageurs

Réduction des coûts perçus

- Une **gestion facilitée** des propositions de trajets et des réservations sur les sites Internet et applications mobiles grâce à l'utilisation de technologies avancées
- Des profils et des **avis des membres** vérifiés pour diminuer la crainte de voyager avec des inconnus

schéma 5

La démarche marketing

Afin d'optimiser le succès d'un projet marketing (ex : création et vente d'un nouveau produit), l'entreprise doit suivre une démarche en quatre étapes successives : le marketing des études, le marketing stratégique, le marketing opérationnel et le contrôle/audit.

Marketing DES ÉTUDES — Études menant à une synthèse (matrice SWOT) regroupant les informations collectées nécessaires à la réalisation du projet marketing

- Analyses internes
- Analyses externes

↓

Marketing STRATÉGIQUE — Définition d'une stratégie marketing avec fixation d'objectifs datés et chiffrés

- Segmentation
- Ciblage
- Positionnement

↓

Marketing OPÉRATIONNEL — Mise en œuvre de la stratégie à travers le marketing mix (4P)

- Politique de produit (*product*)
- Politique de prix (*price*)
- Politique de distribution (*place*)
- Politique de communication (*promotion*)

↓

CONTRÔLE ET AUDIT — Analyse des résultats en fonction des objectifs fixés

- Création de tableaux de bord
- Indicateurs de performance

↓

Si non atteinte des objectifs : vérification de l'ensemble des étapes de la démarche

La démarche marketing utilisée par une entreprise de montres mécaniques dans le but de créer des montres connectées

EXEMPLE

Une entreprise de montres mécaniques décide de se lancer dans les montres connectées. Pour cela, elle utilise la démarche marketing en quatre étapes pour optimiser ses chances de succès.

Marketing DES ÉTUDES

Analyse interne pour évaluer les capacités (trésorerie, production, logistique, ressources humaines) de l'entreprise à se lancer dans les montres connectées en plus de son offre traditionnelle
Analyse externe pour évaluer les attentes des consommateurs, le marché et les concurrents potentiels

↓

Marketing STRATÉGIQUE

En fonction de la synthèse des études menées, l'entreprise a décidé de :
- Cibler les consommateurs plutôt jeunes
- Positionner son offre avec des montres connectées entrée de gamme

L'entreprise se donne pour objectif de vendre 500 montres connectées en un an

↓

Marketing OPÉRATIONNEL

Sur la base de la stratégie définie précédemment, l'entreprise a développé le marketing mix suivant :
- Politique de produit : matériaux abordables, design classique
- Politique de prix : prix de vente inférieur aux prix pratiqués par les entreprises concurrentes
- Politique de distribution : mise en vente dans des boutiques de montres multi-marques
- Politique de communication : publicités sur les réseaux sociaux principalement

↓

CONTRÔLE & AUDIT

Prévision d'une analyse des ventes chaque mois après le lancement
Suivi des évolutions

schéma 6

Quelques idées erronées concernant le marketing

Bien que le marketing se soit développé depuis désormais de nombreuses décennies en s'appuyant sur des recherches académiques et sur des théories fiables et robustes, certaines personnes ont encore des idées erronées sur cette discipline et qu'il est nécessaire de déconstruire une à une.

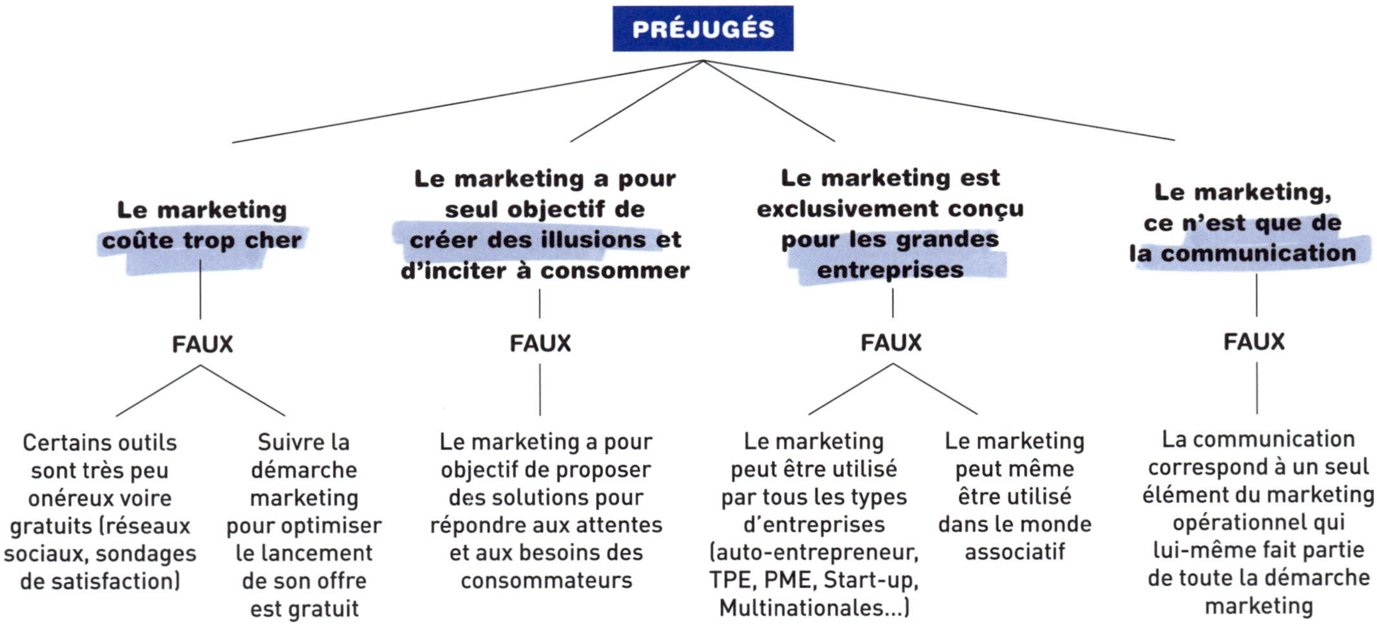

EXEMPLE

L'utilisation adaptée du marketing pour une nouvelle marque de bijoux recyclés

Naty, étudiante en master de marketing, décide de créer en janvier 2023 sa propre marque de bijoux en matériaux recyclés. Elle propose une gamme de produits relativement restreinte, composée de dix modèles de colliers, de huit modèles de bracelets et de cinq modèles de boucles d'oreilles.

En janvier 2024, Naty fait le bilan après un an de commercialisation de sa marque. Elle constate qu'elle a vendu au total 250 bijoux pour un chiffre d'affaires de 11 250 €. Naty est ravie car au début elle avait un budget de 100 € pour lancer sa marque, pour acheter les fournitures, les matériaux, et pour créer les bijoux et les pochettes pour les emballer.

Et voilà les raisons de son succès :

- **Suivi rigoureux de la démarche marketing pour élaborer sa stratégie et son opérationnalisation** → **Coût 0 €** (seulement du temps et de la réflexion)
- **Utilisation de Canva, un outil de design graphique pour créer son logo et l'ensemble de sa charte graphique** → **Coût 0 €** (version gratuite de la plateforme)
- **Création d'un compte Instagram sur lequel elle vend directement ses bijoux** → **Coût 0 €** (pas d'achat de post sponsorisé)

QUIZ

1) Le marketing est devenu une discipline à partir :
a. des années 1930.
b. des années 1950.
c. des années 1970.

2) Le marketing et le marketing management sont identiques :
a. vrai. b. faux.

3) Le marketing transactionnel est :
a. une démarche centrée sur le produit et les ventes à court terme.
b. une démarche centrée sur le produit et les ventes à long terme.
c. une démarche centrée sur le client et les ventes à long terme.

4) Le marketing relationnel est apparu après le marketing transactionnel :
a. vrai. b. faux.

5) Pour mesurer la valeur perçue en marketing, il faut :
a. étudier le prix des produits vendus par rapport aux produits concurrents.
b. étudier le rapport qualité-prix.
c. étudier la balance entre les bénéfices perçus par les clients et les coûts perçus quand ils acquièrent un produit.

6) La démarche marketing est constituée de :
a. trois étapes b. quatre étapes c. cinq étapes

7) Le marketing opérationnel comprend :
a. les analyses internes et externes pour acquérir les informations nécessaires au développement du produit.
b. la cible et la segmentation.
c. les politiques produit, prix, distribution et communication.

8) Le marketing opérationnel est aussi appelé :
a. marketing mix.
b. marketing transactionnel.
c. marketing direct.

9) Le marketing ne peut pas être utilisé dans le monde associatif :
a. vrai. b. faux.

10) Le marketing a toujours un coût financier :
a. vrai. b. faux.

11) L'objectif du marketing est de mentir aux consommateurs et de les manipuler :
a. vrai. b. faux.

12) La communication ne correspond qu'à un élément de toute la démarche marketing :
a. vrai. b. faux.

POUR ALLER PLUS LOIN, scannez le QR code pour accéder à plus de QCM !

www.lienmini.fr/413632-01

Réponses : 1/b ; 2/b ; 3/a ; 4/a ; 5/c ; 6/b ; 7/c ; 8/a ; 9/b ; 10/b ; 11/b ; 12/a

LEXIQUE

Bénéfices perçus : Perceptions par le client de ce qu'il obtient par l'acquisition d'un produit.

Coûts perçus : Perceptions par le client de ce qu'il donne pour l'acquisition d'un produit.

Demande : Quantité d'un produit demandée ou souhaitée par les consommateurs.

Marketing : Vision spécifique des échanges qui doivent être équitables et qui impliquent la création de valeur pour chacune des parties prenantes (individus, organisations, institutions) (source : association française du marketing).

Marketing des études : Ensemble des études mises en œuvre par l'entreprise afin de récolter et analyser les informations nécessaires à la réalisation d'un projet ou à la création et au lancement d'un produit.

Marketing management : Pratiques marketing mises en œuvre par les organisations, de façon coordonnée, pour atteindre leurs objectifs. Ces pratiques comprennent : l'étude des différents publics, de leurs besoins, usages, désirs et aspirations ; la création d'offres de produits, de services et d'expériences ; la diffusion de ces offres dans une perspective marchande ou non marchande (source : association française du marketing).

Marketing opérationnel : Ensemble des techniques marketing mises en œuvre sur le court/moyen terme et permettant d'atteindre les objectifs de long terme définis par la stratégie marketing.

Marketing relationnel : Ensemble des techniques marketing visant à établir des relations individualisées et interactives avec les clients, en vue de créer et d'entretenir chez eux des attitudes positives durables à l'égard de l'entreprise.

Marketing stratégique : Ensemble des orientations, choix et décisions relatives à la stratégie marketing d'une entreprise en s'appuyant sur les résultats d'études et d'analyses. Il comprend trois concepts principaux : la segmentation, le ciblage et le positionnement. Des objectifs y sont chiffrés et datés.

Marketing transactionnel : Ensemble de techniques marketing visant à déclencher l'acte d'achat des consommateurs.

Offre : Quantité de produit proposée sur un marché.

Valeur perçue : Perception par les clients de ce qu'ils obtiennent du produit ou du service (bénéfices perçus) pour ce qu'ils donnent (coûts perçus).

LE MARKETING DES ÉTUDES

Partie 1

Lorsqu'une entreprise souhaite créer et vendre un nouveau produit, elle doit dans un premier temps collecter et analyser un ensemble d'informations afin de :

- connaître son environnement et le marché dans lequel elle va évoluer,
- identifier ses concurrents potentiels,
- évaluer ses propres ressources et limites,
- définir les besoins et les attentes des clients.

Pour cela, il est nécessaire de mettre en place un certain nombre d'études que l'on peut regrouper en plusieurs catégories : les analyses externes, les analyses internes et l'étude du comportement des consommateurs.

Les différentes procédures de collecte et méthodologies (qualitatives et quantitatives) pour déployer ces études et pour synthétiser les informations sont ensuite présentées.

Chapitres

schéma 7 Panorama des études à mener

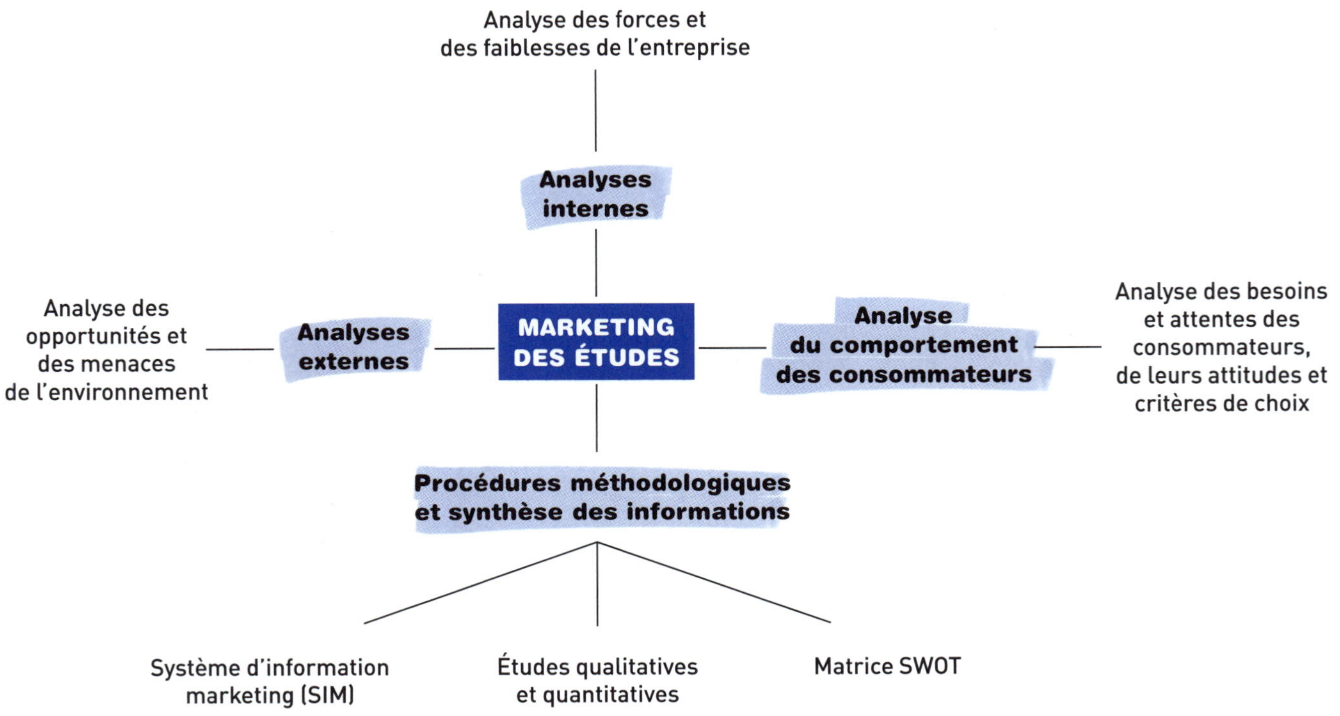

Chapitre 1

LES ANALYSES EXTERNES

Schémas

schéma 8 L'environnement de l'entreprise

L'environnement de l'entreprise comprend tous les éléments qui lui sont extérieurs, qui ne sont pas soumis directement à son contrôle, mais qui sont susceptibles d'exercer une influence sur elle et sur sa capacité à atteindre ses objectifs. En marketing, il est nécessaire de distinguer le macro-environnement et le micro-environnement.

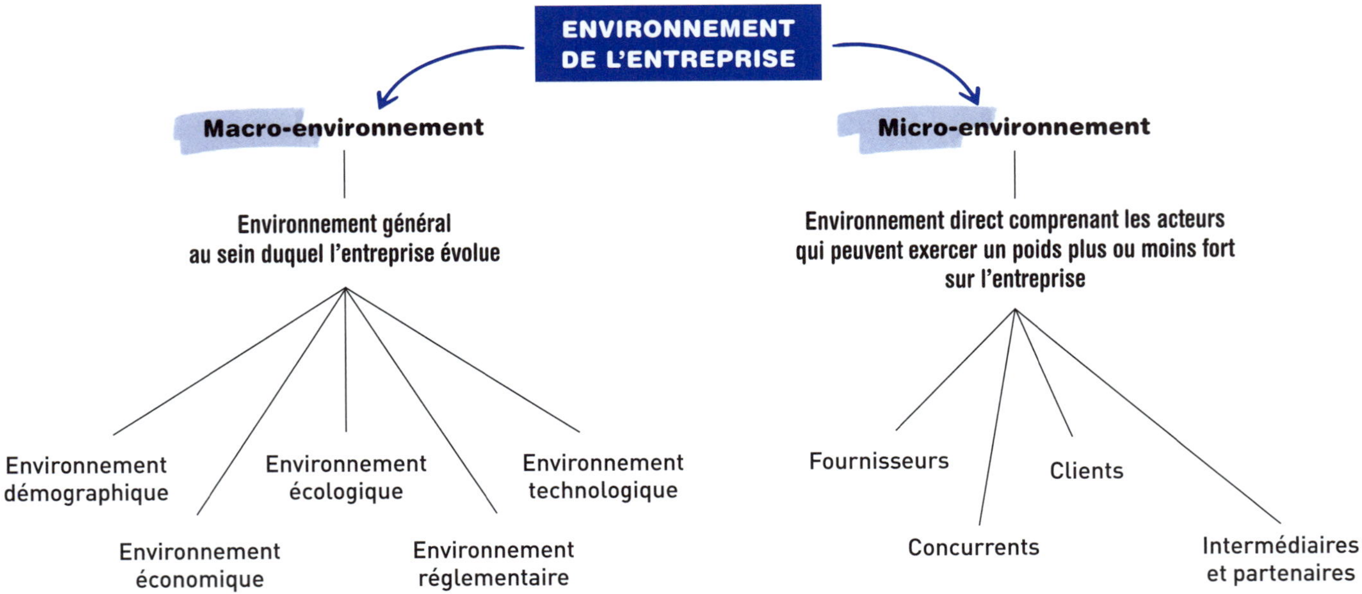

EXEMPLE

Description de l'environnement d'une entreprise de vélos électriques

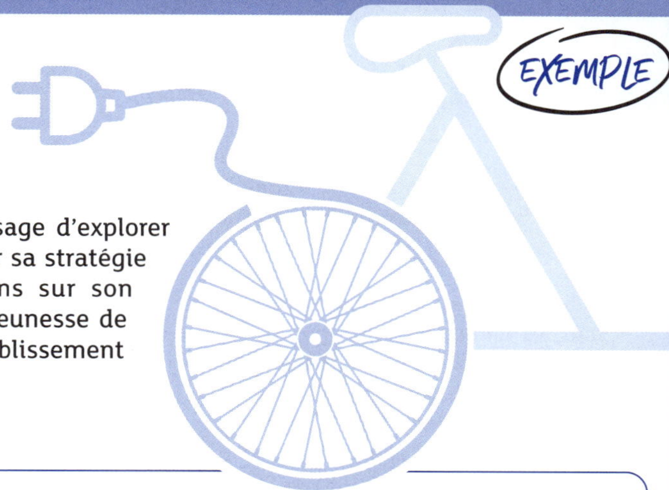

Une entreprise spécialisée dans la fabrication de vélos envisage d'explorer le marché des modèles électriques en France. Avant d'élaborer sa stratégie marketing, elle doit procéder à la collecte d'informations sur son environnement. Dans un premier temps, compte tenu de la jeunesse de l'entreprise et de ses ressources limitées, elle opte pour l'établissement d'une liste des données essentielles à son projet

Macro-environnement

- **Environnement écologique** : études des données et informations relatives à la protection de l'environnement et au dérèglement climatique
- **Environnement économique** : analyse de l'évolution de l'inflation et du pouvoir d'achat des français
- **Environnement réglementaire** : étude des lois françaises relatives aux transports individuels et collectifs

Micro-environnement

- **Fournisseurs** : identification et étude des différents fournisseurs de matières premières et de moteurs électriques
- **Concurrents** : identification et étude des entreprises de vélos électriques et d'autres solutions de mobilités électriques
- **Clients** : étude des attentes et besoins des utilisateurs actuels et potentiels de vélos électriques

schéma 9

L'analyse du macro-environnement *via* le modèle PESTEL

Le macro-environnement, appelé aussi environnement général, regroupe tous les facteurs externes à l'entreprise qui ont une influence sur ses opérations mais qui sont hors de son contrôle. Le modèle PESTEL regroupe les six principaux facteurs à étudier : politique, économique, socioculturel, technologique, écologique et légal.

MACRO-ENVIRONNEMENT

Facteur POLITIQUE

- Couleur politique du gouvernement
- Stabilité politique
- Politiques monétaires, budgétaires et d'investissement
- Relations et accords internationaux

Facteur ÉCONOMIQUE

- Croissance du pays et croissance mondiale
- Crises économiques et financières
- Taux de chômage
- Pouvoir d'achat

Facteur SOCIOCULTUREL

- Taille et évolution de la population
- Valeurs dominantes dans la société
- Comportement de consommation
- Structures familiales
- Niveau d'instruction et niveau culturel

Facteur TECHNOLOGIQUE

- Découvertes scientifiques
- Innovations et progrès techniques
- Brevets
- Modes de production

Facteur ÉCOLOGIQUE

- Environnement physique (pollution)
- Conséquences écologiques (désastre naturel, changement climatique)
- Interventions gouvernementales (gestion des déchets, émission des gaz à effet de serre, taxe carbone)

Facteur LÉGAL

- Lois et réglementations
- Normes
- Participation du gouvernement dans les industries
- Engagement ou désengagement de l'État envers les services publics

Macro-environnement lors du lancement des yaourts 0 % de matière grasse

EXEMPLE

Avant le lancement des yaourts 0 % de matière grasse (MG), les entreprises ont dû collecter des informations relatives à leur macro-environnement afin de mieux orienter leur stratégie marketing. En voici les principaux éléments :

Facteur ÉCONOMIQUE

↓

Analyse du pouvoir d'achat

Les yaourts 0 % MG étant relativement plus chers que les autres types de yaourts, il était nécessaire de vérifier, à cette époque, s'il existait des groupes de consommateurs pouvant payer plus cher des produits de consommation courante.

Facteur SOCIOCULTUREL

↙ ↘

Étude de la population et de leurs caractéristiques morphologiques

Juste avant le lancement des yaourts 0 % de matière grasse, plusieurs études montraient que le nombre de personnes en surpoids ou en situation d'obésité augmentait de façon importante.

Étude des tendances de consommation et des attentes des consommateurs

Depuis plusieurs décennies, les personnes (et surtout les femmes) font de plus en plus attention à leur corps, à leur poids et, de façon générale, à leur santé.

schéma 10 Le micro-environnement et ses facteurs

Le micro-environnement, appelé également environnement direct, regroupe tous les facteurs, acteurs et éléments extérieurs à l'entreprise qui ont un impact, potentiel ou réel, sur son développement et son activité. Le micro-environnement s'analyse au travers de quatre principaux facteurs : les clients, les fournisseurs, les concurrents et les intermédiaires et partenaires professionnels.

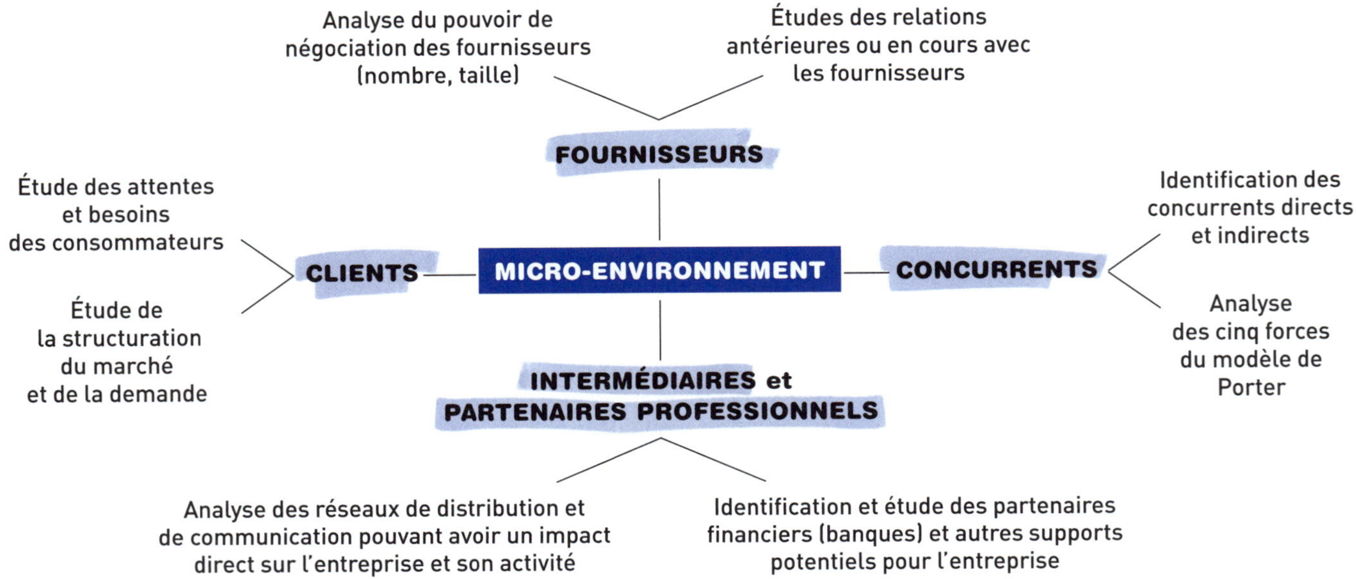

Micro-environnement lors du lancement des yaourts 0 % de matière grasse

EXEMPLE

Tout comme il a été important d'étudier le macro-environnement pour les entreprises souhaitant créer des yaourts 0 % de matière grasse (MG), l'analyse des facteurs relatifs au micro-environnement est essentielle. Voici un récapitulatif des principaux éléments qui avaient été identifiés en amont du lancement de ces produits :

Producteurs de lait avec un pouvoir de négociation faible (domination des entreprises et marques de produits laitiers)

FOURNISSEURS

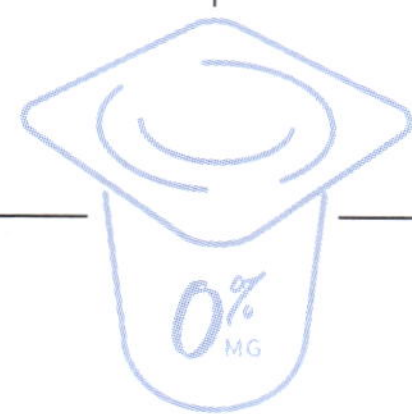

Structuration importante du marché avec une variété de types de yaourts répondant à une très grande variété de besoins des consommateurs — **CLIENTS**

CONCURRENTS

Concurrents directs : autres entreprises de yaourts 0 % de MG

Concurrents indirects : entreprises de desserts 0 % de MG (autres que des yaourts)

INTERMÉDIAIRES et PARTENAIRES PROFESSIONNELS

Réseaux de distribution essentiellement : besoin de connaître la politique de référencement de nouveaux produits

L'analyse de la structure de la demande

Lorsqu'on étudie l'environnement de l'entreprise (analyse externe), il est nécessaire d'estimer la quantité d'un produit demandée ou souhaitée par les consommateurs. Pour cela, l'entreprise évalue la structure de la demande (appelée également structure du marché).

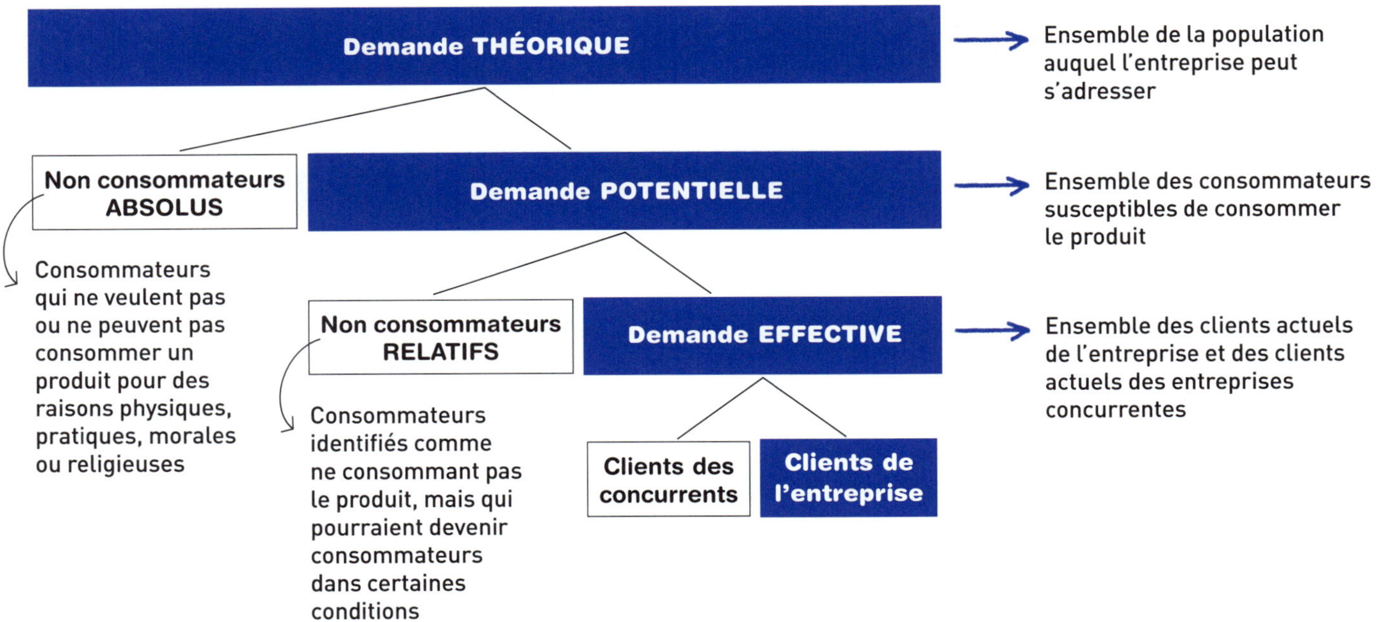

EXEMPLE

Structure de la demande des yaourts 0 % de matière grasse

En souhaitant créer un nouveau yaourt 0 % de matière grasse (MG), une entreprise doit mieux comprendre et estimer qui seront ses clients potentiels et effectifs. De ce fait, elle doit caractériser les différents niveaux de la structure de la demande et identifier les taux de pénétration de la demande théorique et de la demande effective. Sur la base d'un rapport de FranceAgriMer publié en 2022, voici comment la structure du marché pourrait être définie.

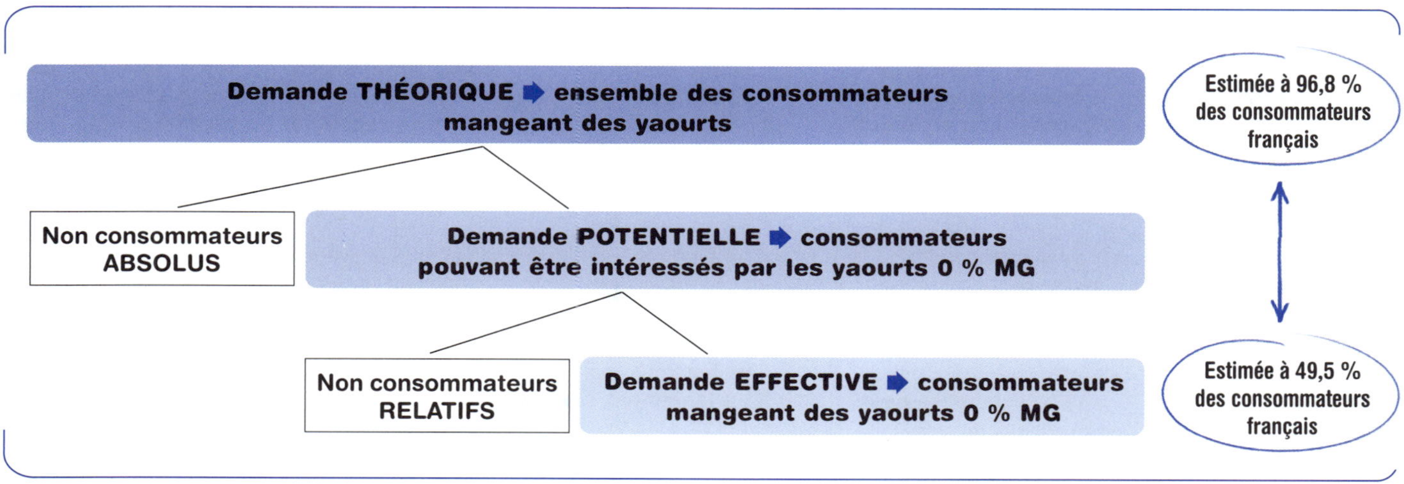

schéma 12

Les cinq forces de Porter

Le modèle des cinq forces de Porter (élaboré par Michael Porter en 1979) permet d'identifier les forces en concurrence dans une industrie. Le modèle sert à analyser l'univers concurrentiel de l'entreprise et à faire les bons choix en termes de stratégie.

1 — Menace des nouveaux entrants

Objectif : **savoir si de nouvelles entreprises peuvent être une menace**

- Quelles sont les barrières à l'entrée du marché ?
- Quels sont les investissements nécessaires ?
- Quels sont les brevets déjà mis en place ?

2 — Pouvoir de négociation des fournisseurs

Objectif : **savoir si les fournisseurs peuvent imposer leur conditions**

- Y a-t-il beaucoup de fournisseurs sur le marché ?
- Combien coûte de changer de fournisseur ?
- Les fournisseurs ont-ils un savoir-faire dont il est impossible de se défaire ?

3 — Pouvoir de négociation des clients

Objectif : **savoir si les clients ont un impact important sur les prix ou sur les conditions de vente**

- Combien y a-t-il de clients ?
- Les clients sont-ils concentrés dans un territoire ou répartis plus largement ?

4 — Menace des produits de substitution

Objectif : **savoir si des offres concurrentes peuvent se substituer au produit initial**

- Les clients peuvent-ils changer facilement de produits ?
- Quels sont les avantages et les inconvénients de ces produits de substitution ?

5 — Intensité concurrentielle actuelle

Objectif : **savoir s'il existe une lutte au sein du marché pour maintenir ou accroître la position de l'entreprise**

- Le marché est-il attractif ?
- Le marché est-il en croissance ?

L'utilisation du diagramme de Kiviat pour visualiser les cinq forces de Porter

EXEMPLE

Le diagramme de Kiviat, également appelé diagramme en radar, en étoile ou en toile d'araignée, a été créé en 1877 par le statisticien allemand Georg von Mayr. Le diagramme de Kiviat sert à représenter sur un plan en deux dimensions au moins trois ensembles de données multivariées. Chaque axe, qui part d'un même point, représente une caractéristique quantifiée.

Dans le cadre de l'analyse du modèle de Porter, chaque axe représente une force. L'entreprise va estimer, par exemple de 0 à 7, quelle est l'intensité de chaque force selon l'analyse qu'elle aura effectuée auparavant (0, représentant une très faible intensité et 7, représentant une très forte intensité).

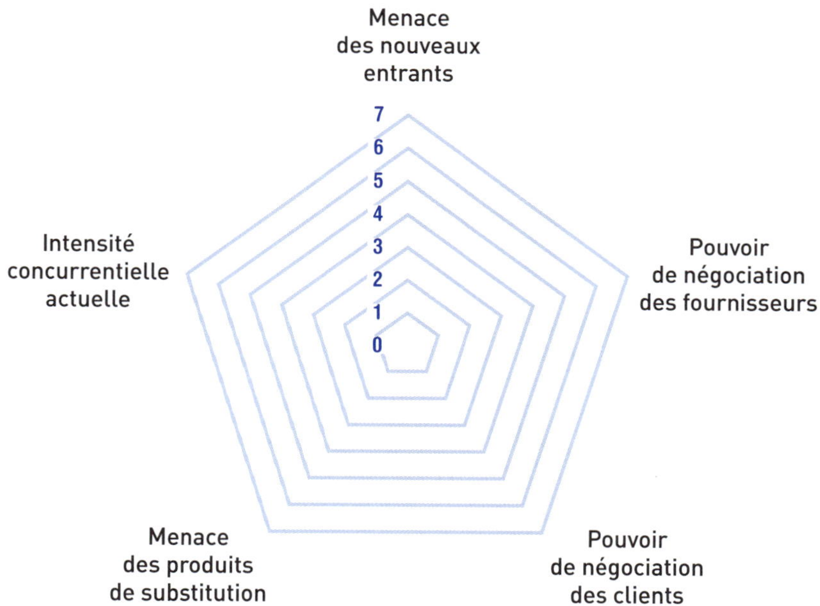

schéma 13 La concurrence directe et la concurrence indirecte

Dans l'analyse de son environnement, l'entreprise doit identifier quels sont ses concurrents directs et indirects et analyser si ceux-ci peuvent avoir un impact négatif sur son potentiel de développement et de croissance.

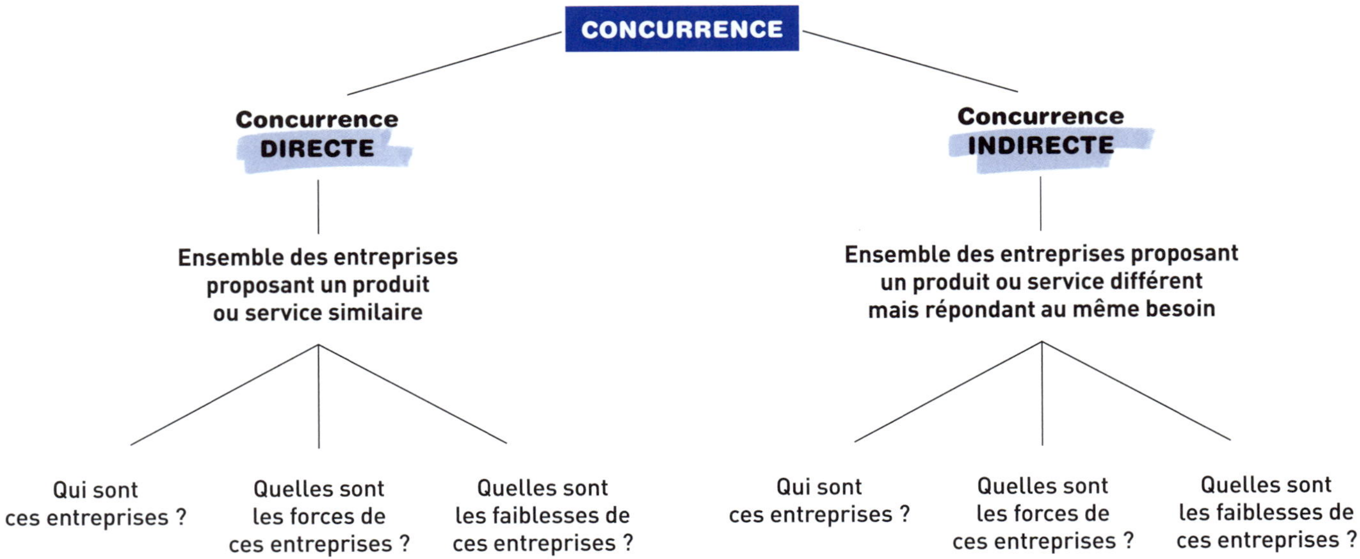

L'analyse de la concurrence des compotes en gourdes Pom'Potes (EXEMPLE)

Régulièrement, la marque Pom'Potes analyse sa concurrence. Son objectif est de connaître l'évolution de son marché et de mettre en place des actions permettant de maintenir sa position de leader sur le marché.
Voici comment est actuellement constituée la concurrence de Pom'Potes :

compotes POM'POTES

- **Concurrence DIRECTE**
  - **Compotes en gourdes**
    - Hipp, Thomas le Prince, Good Goût, Babybio, Cool Fruits, Popote, Marques de distributeurs (Auchan, Carrefour, Monoprix...)
- **Concurrence INDIRECTE**
  - **Yaourts à boire en gourdes**
    - Hipp, Babybio, Good Goût, Petits Filous Montblanc Marques de distributeurs (Auchan, Carrefour, Monoprix...)
  - **Yaourts à boire sous un autre format à emporter**
    - Petits Filous Tub's, Yop en bouteilles, Marques de distributeurs (Auchan, Carrefour, Monoprix...)

➡ **Face au nombre important de concurrents qui, au-delà des compotes en gourdes, vendent des yaourts en gourdes (ex : Hipp, Babybio, Good Goût), Pom'Potes a décidé de se lancer également sur ce marché. L'objectif de Pom'Potes est de ne pas céder du terrain à ces marques.**

schéma 14 Les quatre stratégies concurrentielles

En complément de l'identification des concurrents directs et indirects, l'entreprise doit définir la position de chaque entreprise sur le marché. Il en existe quatre : la position de leader, la position de challenger, la position de suiveur et la position de spécialiste.

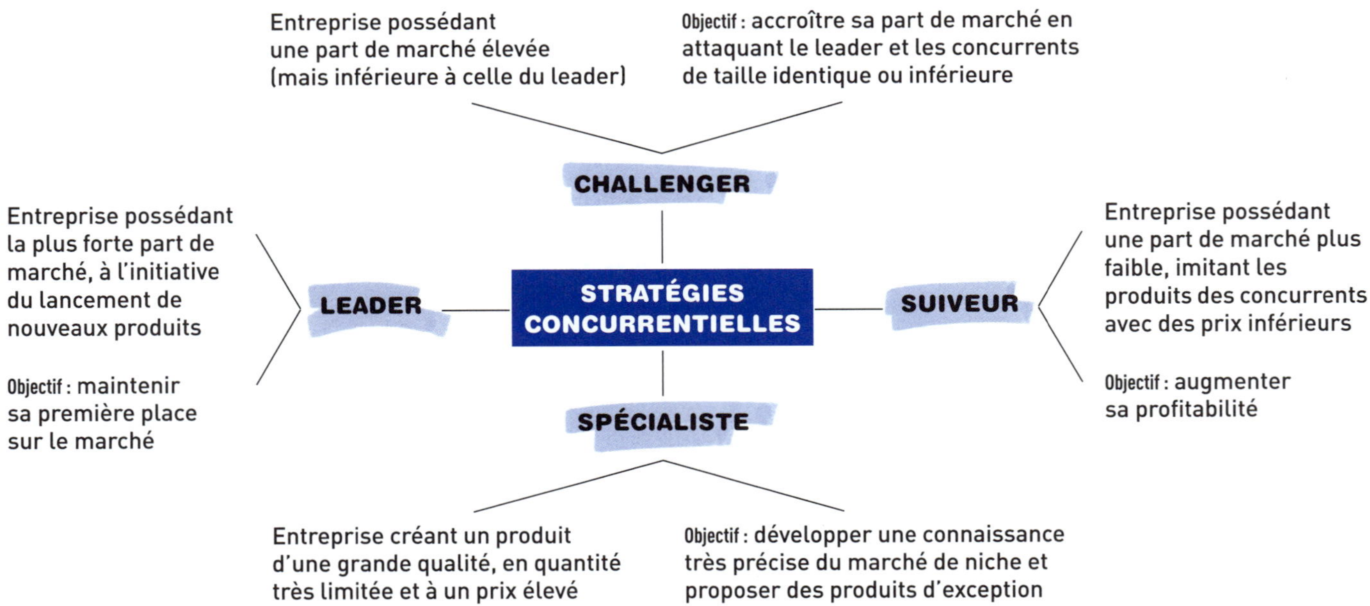

Le marché des colas et les positions concurrentielles des entreprises

EXEMPLE

LEADER

Marque avec la plus forte part de marché

↓

Colas de la marque Coca-Cola

CHALLENGER

Marque avec la deuxième plus forte part de marché qui cherche à rattraper Coca-Cola

↓

Colas de la marque Pepsi

SUIVEURS

Marques dont les produits imitent Coca-Cola et Pepsi et qui proposent des produits moins chers

↓

Colas des marques de distributeurs comme :
Auchan
Marque Repère
Monoprix

SPÉCIALISTES

Marques qui revendiquent une différenciation géographique et un ancrage culturel

↓

Colas des marques régionales comme :
Breizh Cola
Corsica Cola
Auvergnat Cola

Chapitre 2

LES ANALYSES INTERNES

Schémas

schéma **15**

Les différentes ressources de l'entreprise

Lorsqu'une entreprise souhaite créer et vendre un nouveau produit, elle doit évaluer ses ressources. L'objectif est d'identifier si celles-ci constituent une contrainte ou une force. Plusieurs types de ressources sont alors à prendre en compte.

RESSOURCES DE L'ENTREPRISE

HUMAINES

Ensemble du personnel nécessaire pour produire et vendre les produits

Exemples :
- Salariés et dirigeants
- Management et motivation des salariés
- Savoir-faire et savoir-être

FINANCIÈRES

Fonds nécessaires à l'activité de l'entreprise

Exemples :
- Capital social
- Prêts bancaires
- Garanties

MATÉRIELLES

Ensemble des ressources physiques de l'entreprise

Exemples :
- Machines, outils et matériels divers
- Sites de fabrication
- Points de vente
- Stocks
- Mobilier

IMMATÉRIELLES

Matière intellectuelle présente au sein de l'entreprise

Exemples :
- Droits d'auteur
- Brevets et marques
- Bases de données clients

Les ressources internes de Ju&n cosmétiques

EXEMPLE

Ju&n est une entreprise française, créée en 2022, qui fabrique et vend des produits d'hygiène écoresponsables (savons et shampoings solides, huile capillaire) ainsi que des bougies parfumées. Voici une description de ses principales ressources internes :

RESSOURCES DE L'ENTREPRISE

HUMAINES

Entreprise composée d'une seule personne : la créatrice de la marque, Charlotte, qui gère la production, la préparation des commandes, la gestion du stock (les autres activités comme le design et l'impression des packaging et les tests réglementaires sont gérés en externe)

FINANCIÈRES

Fonds au lancement de l'activité : 50 K€
- création du laboratoire
- rédaction des dossiers
- réglementaires tests
- communication
- packaging…

MATÉRIELLES

- Laboratoire
- Matériel de fabrication
- Zone de stockage
- Matières premières
- Outils digitaux (ordinateurs, téléphones, appareil photo)
- Voiture

IMMATÉRIELLES

Connaissances de la cosmétique, de la formulation des produits, de la clientèle

Compétences en marketing et gestion des réseaux sociaux

schéma 16

La chaîne de valeur de Porter

La chaîne de valeur est un outil d'analyse interne mis au point par M. Porter en 1986. L'objectif est de repérer les activités qui permettent à une entreprise de créer de la valeur pour le client et l'entreprise. La chaîne de valeur comporte neuf catégories d'activités liées les unes aux autres : cinq activités principales (appelées également activités de base) et quatre activités de soutien.

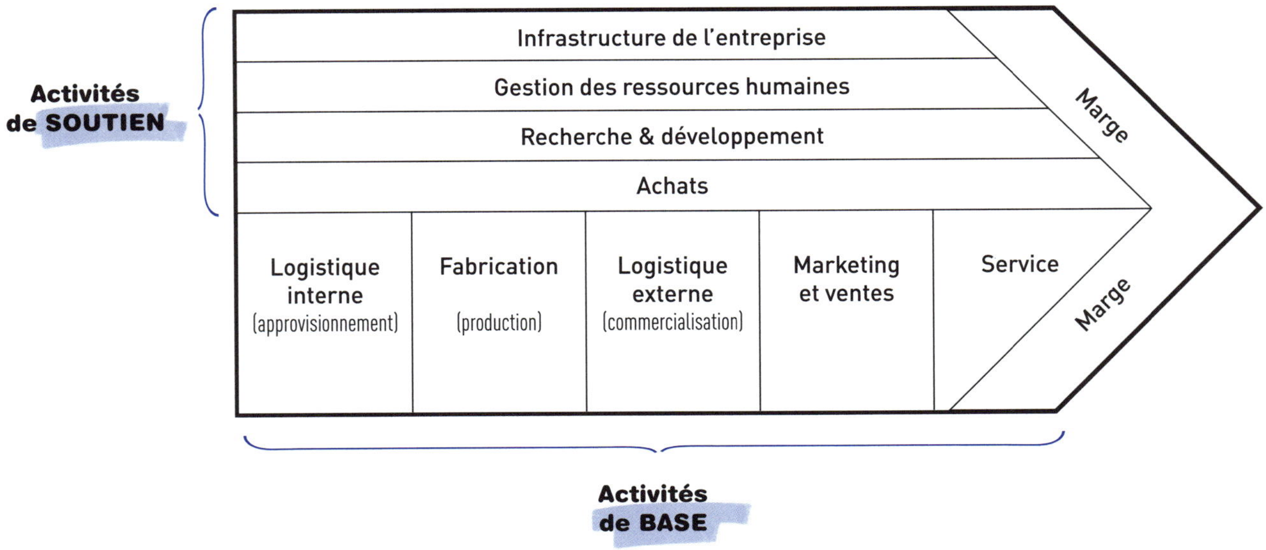

La chaîne de valeur d'Amazon

EXEMPLE

Amazon est une entreprise américaine de commerce électronique et de technologie, fondée par Jeff Bezos en 1994. Elle est devenue l'une des plus grandes plateformes de vente en ligne au monde, offrant une large gamme de produits et de services. Voici les activités de la chaîne de valeur de Porter qui contribuent principalement au succès d'Amazon :

Activités de BASE

- **Logistique interne** (approvisionnement) : grande expertise dans la réception, le tri et le stockage des produits ; automatisation et optimisation des opérations
- **Logistique externe** (commercialisation) : plateforme de vente en ligne qui propose un large choix de produits ; nombreux centres de traitement des commandes répartis dans le monde entier, permettant des livraisons rapides et des retours facilités
- **Marketing** : communication à grande échelle sur différents canaux et médias ; mise en œuvre de campagnes de promotions des ventes et de marketing direct (personnalisation)
- **Services** : mise en place d'un système simple pour renvoyer les produits qui ne conviennent pas ; création de l'option Prime proposant des avantages complémentaires

Activités de SOUTIEN

- **Infrastructures** : centralisation et internalisation des fonctions supports indispensables à la gestion de l'entreprise et utilisation de l'automatisation de certaines procédures
- **Gestion des ressources humaines** : équilibre entre employés internes et main-d'œuvre temporaire, soutenu par la technologie pour assurer une coopération maximale ; programme de récompenses et reconnaissance du bon travail pour fidéliser la main-d'œuvre
- **Recherche & développement** : développement technologique constant avec notamment l'amélioration des systèmes informatiques et des processus et la gestion robotisée des stocks

schéma 17

La matrice BCG

Lorsqu'une entreprise souhaite créer et vendre un nouveau produit, et qu'elle commercialise déjà plusieurs autres produits, elle doit évaluer dans son analyse interne leur position sur le marché, estimer les ressources potentielles qu'ils génèrent et leurs besoins d'investissement. Élaborée à la fin des années 1960 par le Boston Consulting Group, la matrice BCG permet de représenter le portefeuille de produits de l'entreprise selon le taux de croissance du marché et les parts de marché relatives de chaque produit.

Produits en situation de faiblesse sur un marché subissant une forte concurrence

Produits avec un avenir incertain : réflexion sur le niveau d'investissement nécessaire

Produits en situation de faiblesse sur un marché à très faible croissance

Produits avec une rentabilité très faible ou nulle, devant souvent être retirés du marché

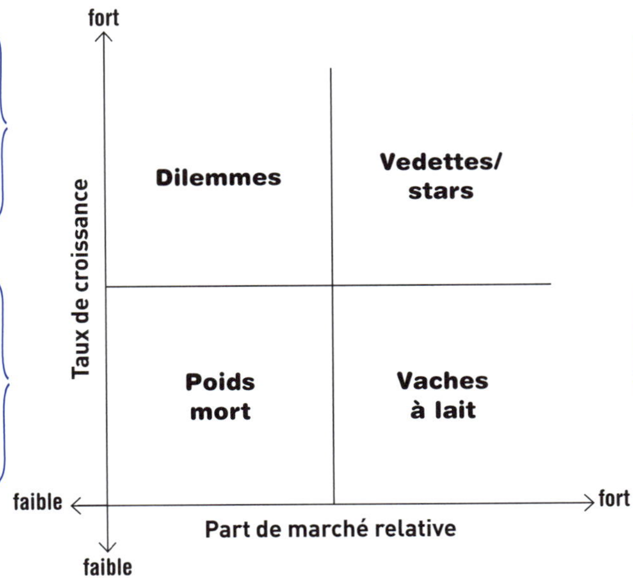

Produits leader sur le marché, considérés comme l'avenir de l'entreprise

Produits rentables mais nécessitant encore des investissements

Produits les plus rentables de l'entreprise nécessitant peu d'investissements nouveaux

Génération de liquidités pouvant être utilisées pour soutenir financièrement les autres produits

Interprétation d'une matrice BCG

EXEMPLE

Une entreprise souhaite faire une analyse interne de son portefeuille de produits (constitué de P1, P2 et P3) avant d'en lancer un nouveau. Pour cela, elle décide de construire une matrice BCG. Voici l'interprétation que l'entreprise fait de la matrice ainsi que les décisions qui en découlent :

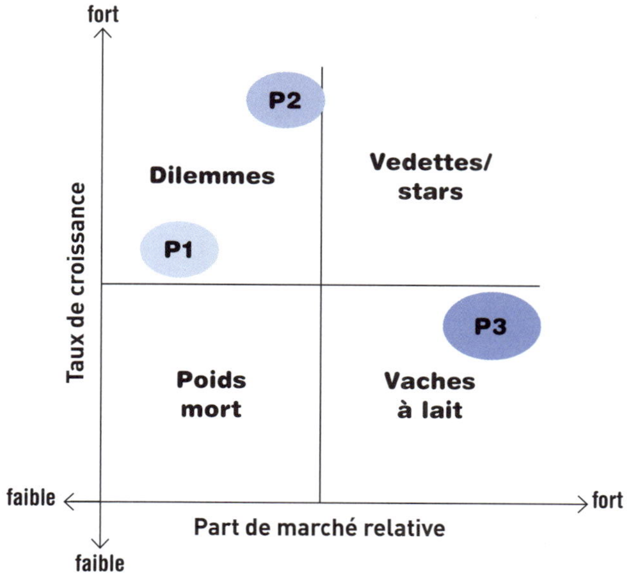

P1 **Le produit est très peu rentable et nécessite beaucoup d'investissements pour essayer de lutter contre ses concurrents.**

➡ L'entreprise décide de retirer le produit du marché.

P2 **Le produit est également très peu rentable mais sa position est meilleure que le produit P1 (sa part de marché est légèrement supérieure et le marché est en très forte croissance).**

➡ L'entreprise décide de maintenir le produit sur le marché en menant des investissements et en utilisant une partie de la trésorerie générée par le produit P3.

P3 **Le produit est dans une situation très positive et est très rentable.**

➡ La trésorerie générée grâce à lui pourra soutenir les investissements du produit P2 mais également être utilisée dans le cadre de la création et le lancement d'un nouveau produit.

schéma 18

L'analyse des dysfonctionnements de l'entreprise *via* le diagramme d'Ishikawa

L'analyse interne de l'entreprise aboutit parfois à l'identification d'un problème. L'objectif est alors de comprendre ses causes. Conçu par Kaoru Ishikawa en 1962, ce diagramme (appelé également diagramme en arêtes de poisson) est un outil de résolution de problèmes *via* l'identification des causes potentielles que l'on classifie en cinq catégories (les 5M).

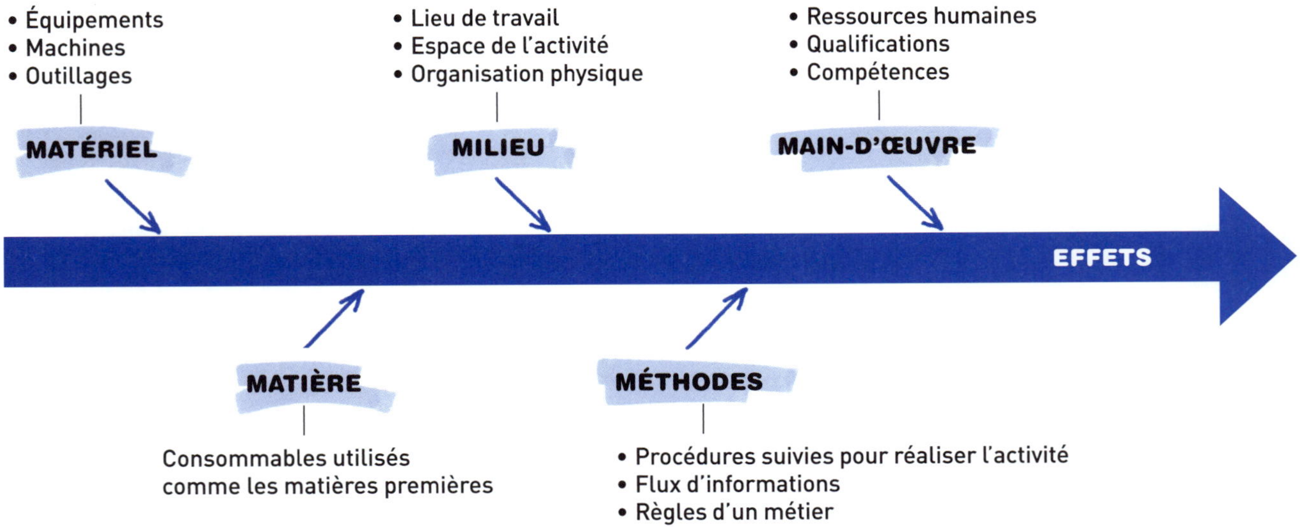

Problème d'absentéisme dans une entreprise de chaussures et diagramme d'Hishikawa

EXEMPLE

Lors de l'analyse interne menée dans une entreprise de chaussures, on constate un taux important d'absentéisme des ressources humaines. L'entreprise décide alors de réaliser un diagramme d'Hishikawa pour identifier les causes potentielles de ce problème.

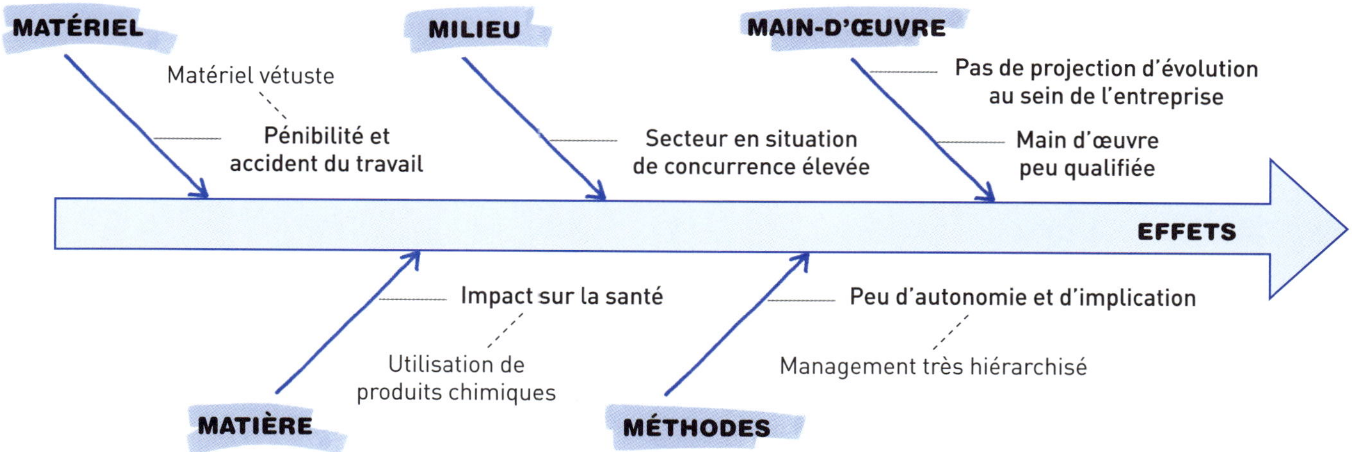

➡ **En étudiant le diagramme ainsi réalisé, l'entreprise considère dans un premier temps que les méthodes actuellement utilisées sont néfastes et propose de mettre en place un management plus participatif afin d'améliorer le sentiment d'autonomie et d'implication.**

Chapitre 3

L'ANALYSE DU COMPORTEMENT DES CONSOMMATEURS

Schémas

schéma 19 Le processus de décision extensif du consommateur

Analyser le comportement du consommateur ne concerne pas seulement l'acte d'achat en lui-même ou l'utilisation du produit. Cinq phases principales sont à étudier : la reconnaissance du besoin, la recherche d'informations sur les différents produits pouvant répondre au besoin identifié, l'évaluation des options identifiées, l'achat puis l'évaluation post-achat du produit.

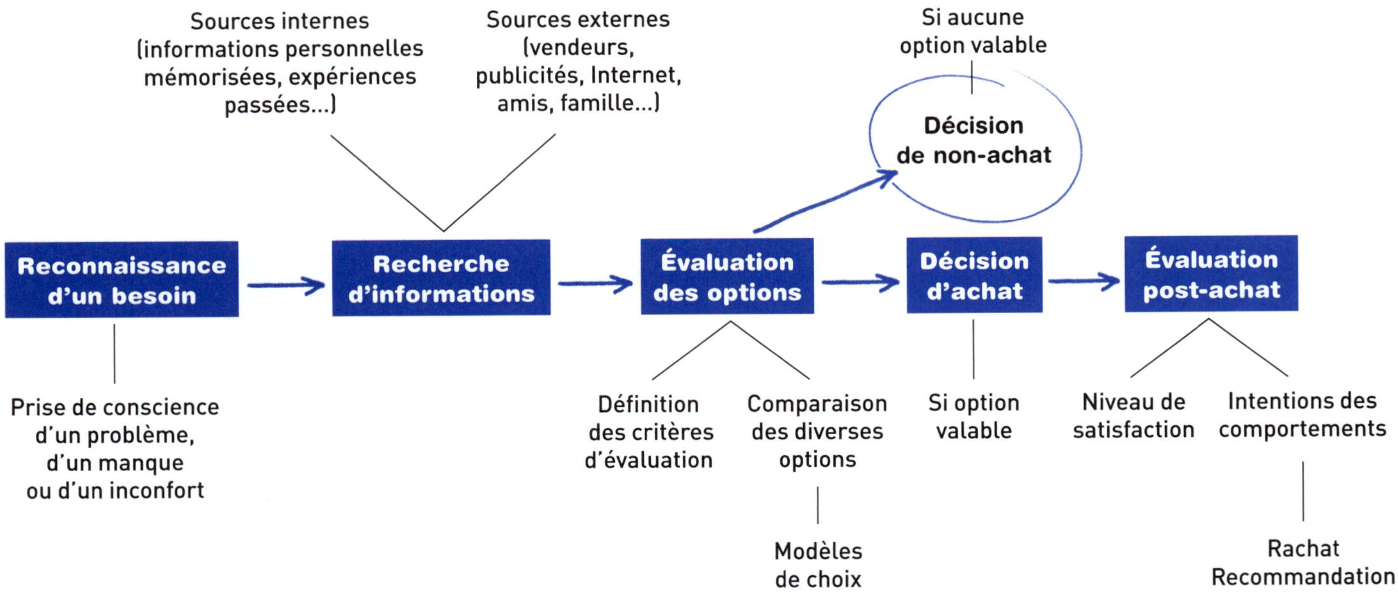

Jody a un problème...

EXEMPLE

Jody est professeure. Pour ses cours, elle utilise un ordinateur qu'elle a acheté en mars 2022. Depuis quelques mois, la touche de la lettre « s » ne fonctionne plus très bien. C'est même de pire en pire... Jody est obligée d'appuyer plusieurs fois et fort sur la touche avant que le « s » n'apparaisse sur le document de présentation de son cours. Elle perd du temps, elle fait des erreurs et cela l'énerve. De plus, Jody constate que la luminosité de son ordinateur est de plus en plus faible...

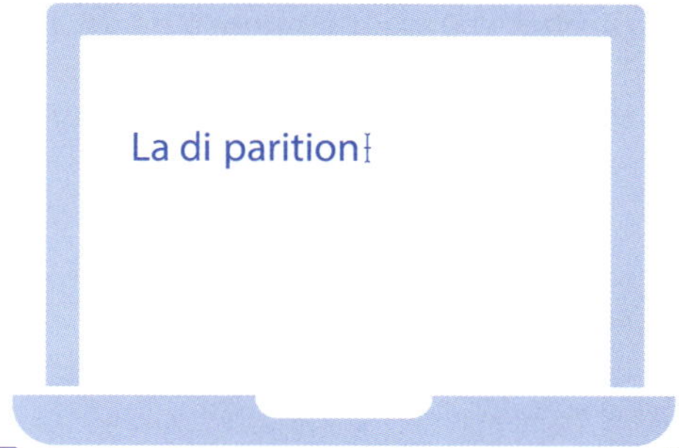

Bref, Jody a un problème. Se met alors en place un processus de décision :

Reconnaissance d'un besoin → **Recherche d'informations** → **Évaluation des options** → **Décision d'achat** → **Évaluation post-achat**

Reconnaissance d'un besoin

Besoin d'acheter un nouvel ordinateur

Recherche d'informations

Sources externes uniquement :
- Sur Internet : le site Internet de la Fnac, sites comparateurs d'ordinateurs
- En magasin : discussion avec un vendeur

Évaluation des options

Deux modèles retenus : Asus et HP
Comparaison sur la base de trois critères :
- Prix
- Poids
- Vitesse du processeur

Décision d'achat

Achat du modèle Asus sur le site Internet de la Fnac

Évaluation post-achat

Après plusieurs semaines d'utilisation :
→ Satisfaction élevée
→ Évaluation à 5 étoiles sur 5, sur le site Internet de la Fnac

schéma 20 Le processus d'achat routinier

Lorsqu'un consommateur achète régulièrement le même produit, celui-ci est dans un processus d'achat routinier composé de seulement trois étapes : la reconnaissance d'un besoin, la décision d'achat et l'évaluation post-achat. Les deux autres étapes (recherche d'informations et évaluation des options), initialement située entre la reconnaissance d'un besoin et la décision d'achat, sont supprimées.

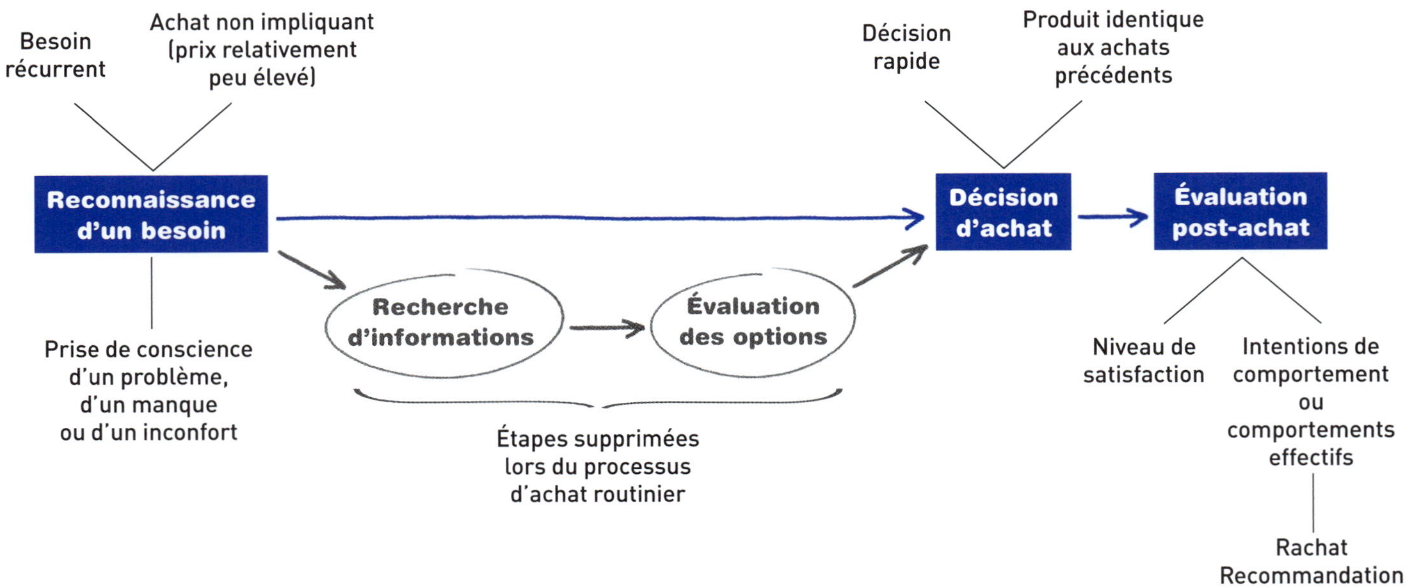

Trois situations d'achats routiniers

EXEMPLE

➡ Elisa est la maman de Gabriel, trois mois. Elle achète très régulièrement les couches de la marque **Pampers** pour son fils.

➡ Solal déteste aller faire les courses alimentaires. Pour certains produits, comme les pâtes, il achète toujours les spaghettis **Panzani**.

➡ Raphaël a toujours acheté des stylos de la marque **Bic**. Pour lui, ils sont les plus performants et agréables. Dans sa trousse, son stylo actuel ne fonctionne plus très bien ; il n'a presque plus d'encre. Il a donc besoin d'acheter un nouveau stylo. De façon routinière, lorsqu'il va au supermarché à côté de chez lui, il met dans son caddie un lot de stylos **Bic**.

schéma 21 L'achat impulsif et l'achat compulsif

Si, dans la plupart des cas, les consommateurs achètent des produits pour répondre à leurs besoins, ils peuvent également procéder à des achats imprévus. Il en existe deux types qu'il ne faut pas confondre : l'achat compulsif et l'achat impulsif.

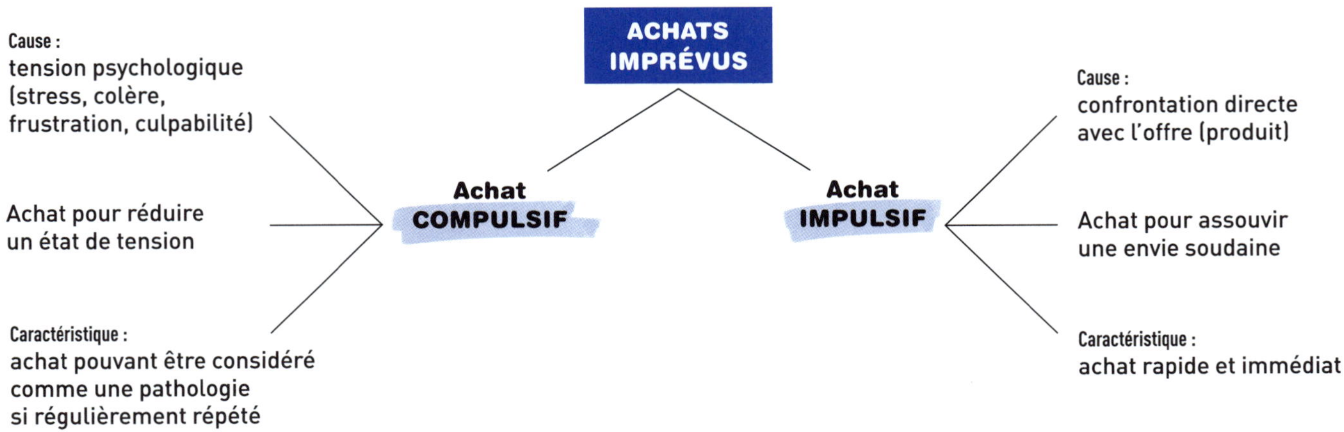

Achat compulsif *vs.* Achat impulsif

EXEMPLE

Achat COMPULSIF

Niels travaille au sein d'une entreprise caractérisée par un style de gestion autoritaire. Fréquemment, il fait l'objet de critiques de la part de son directeur.

Lors d'une réunion, à cause des commentaires qu'il reçoit, Niels a le sentiment que son travail ne répond pas aux attentes de l'entreprise, suscitant en lui de l'irritation et surtout de la tristesse. Il était convaincu d'avoir accompli toutes les tâches conformément aux exigences. En quittant son lieu de travail, Niels décide de se rendre dans un magasin pour s'offrir un jeu vidéo, cherchant ainsi à se remonter le moral.

Achat IMPULSIF

Jules effectue ses courses au supermarché en suivant une liste préétablie. Avant de quitter son domicile, il a consciencieusement noté tous les articles dont il a besoin : des pâtes, du riz, des conserves de légumes, des gâteaux pour ses enfants, de la pâte à tartiner, du pain de mie, de l'huile et du vinaigre. Après seulement 15 minutes dans le supermarché, il a réussi à rassembler tous les produits prévus dans son panier. Se dirigeant ensuite vers la caisse, il dépose ses articles et attend son tour. Soudainement, son regard est attiré par le présentoir de chewing-gums. Sans réfléchir, une envie subite s'empare de lui, et il décide d'ajouter un paquet à ses achats, sans vraiment prêter attention au goût.

schéma 22 Les facteurs explicatifs du comportement du consommateur

Le comportement du consommateur est complexe car il est impacté par différents éléments : les facteurs internes relatifs au consommateur lui-même et à ses caractéristiques démographiques et psychologiques, et les facteurs externes relatifs à son environnement socioculturel mais aussi au contexte dans lequel il va effectuer son achat.

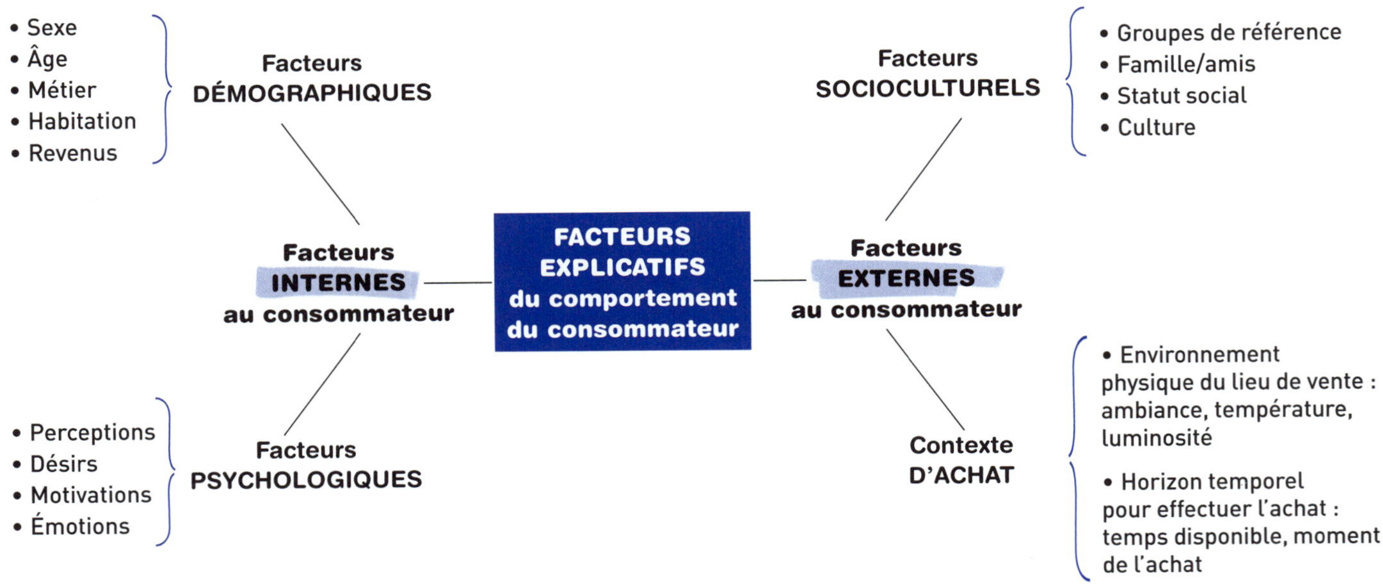

Consommation d'alcool selon l'âge et le sexe

EXEMPLE

Grâce à la prise en compte de la variable démographique de l'âge, l'analyse de la consommation d'alcool est plus fine que si les individus avaient été considérés globalement.

On comprend *via* le graphique que le type de consommation d'alcool est différent selon les âges : les jeunes consomment moins souvent de l'alcool que les personnes plus âgées, mais dans des quantités plus importantes.

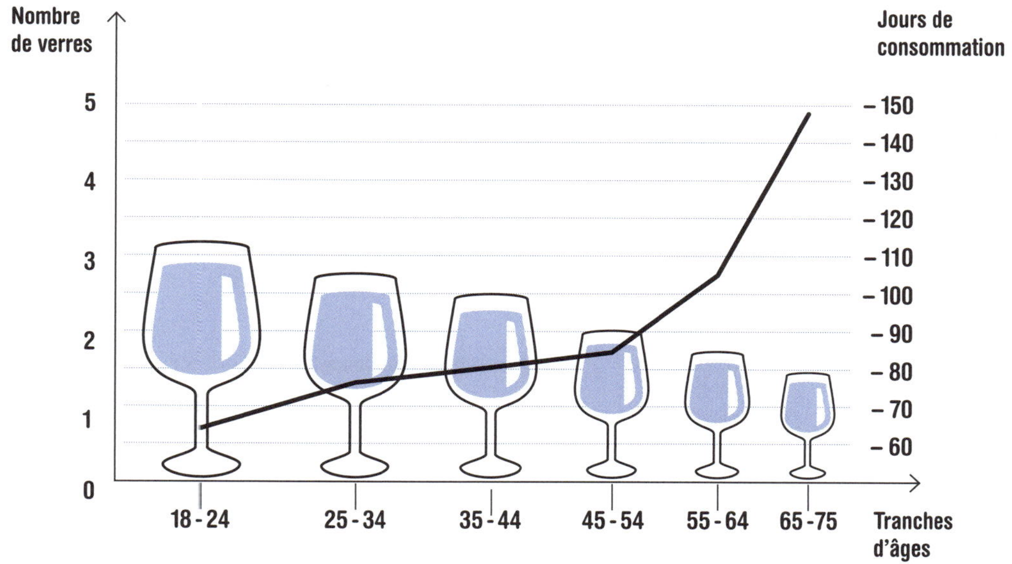

Source : Baromètre de Santé publique France 2017 et concernent la population résidant en France métropolitaine - auteur : Jean-Baptiste Richard

schéma 23 L'attitude du consommateur à l'égard d'un produit

L'analyse de l'attitude du consommateur à l'égard d'un produit est primordiale dans la compréhension de son comportement. L'attitude correspond à l'ensemble des éléments d'évaluation personnelle dont dispose un individu à l'égard de ce produit.

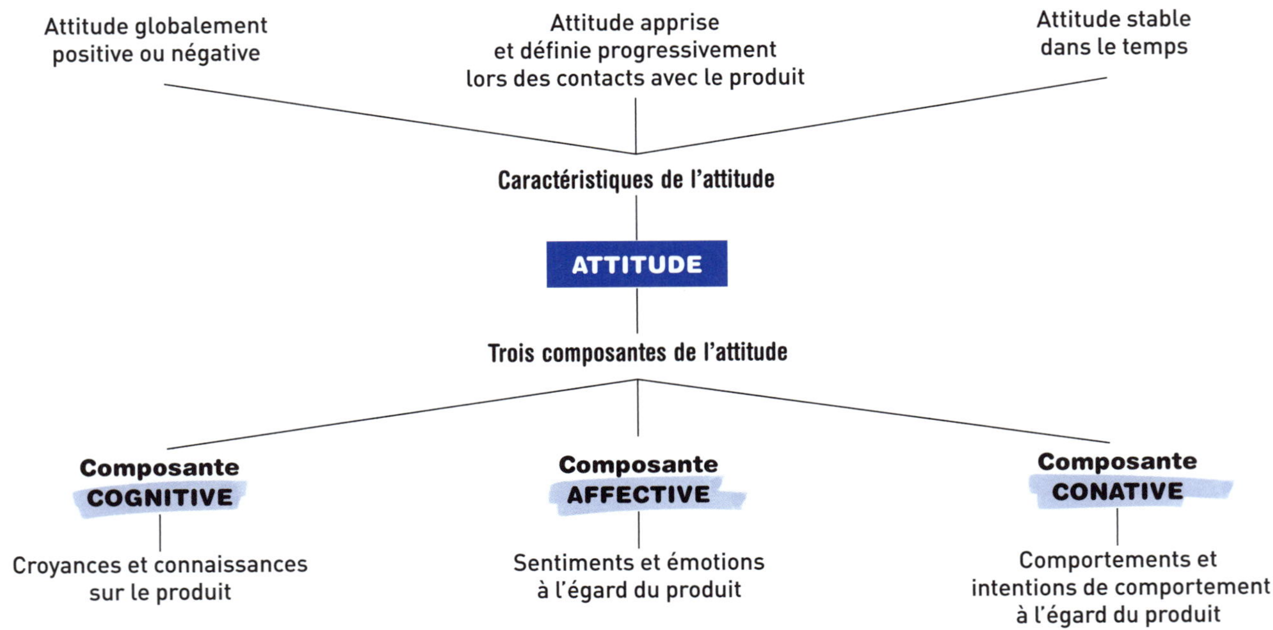

L'analyse de l'attitude de Chloé à l'égard du nouvel iPhone

EXEMPLE

Chloé, âgée de 13 ans, exprime le besoin d'obtenir un nouveau téléphone. Elle entame une discussion avec ses parents au sujet du modèle qu'elle souhaiterait acquérir : le dernier iPhone. Voici un extrait de ce que Chloé dit à ses parents :

« J'aime trop le nouvel iPhone... je l'adore ! »

→ **Composante AFFECTIVE** : sentiments et émotions de Chloé à l'égard de l'iPhone

« Je le trouve trop beau ce téléphone. Il fait de super belles photos. Il est trop stylé. »

→ **Composante COGNITIVE** : connaissances et croyances de Chloé à l'égard du produit

« J'ai envie de l'acheter »

→ **Composante CONATIVE** : intention de comportement de Chloé à l'égard du produit

➡ L'attitude de Chloé, évaluée à travers l'analyse des trois composantes, se révèle très positive. Tout laisse présager qu'elle pourrait obtenir le nouveau téléphone tant désiré. Cependant, malgré cette perspective encourageante, d'autres facteurs pourraient influencer la situation.

Dans cette situation particulière, les parents de Chloé jouent le rôle d'acheteurs et seront les décisionnaires finaux quant à l'acquisition ou non du nouvel iPhone.

schéma 24 Les trois hiérarchies des effets

Selon le type de produit que le consommateur souhaite acheter, les composantes (cognitive, affective et conative) de l'attitude ne vont pas jouer le même rôle. Trois processus mentaux, ou hiérarchies des effets, peuvent être observés : la hiérarchie d'apprentissage, la hiérarchie de faible implication et la hiérarchie expérientielle.

HIÉRARCHIES DES EFFETS

Hiérarchie d'APPRENTISSAGE

Pour un achat fortement impliquant ou perçu comme risqué (ex : voiture, vacances, appartement)

Étape 1 : composante cognitive
Le consommateur apprend des informations sur le produit et forme ses croyances

Étape 2 : composante affective
Sur la base de ses croyances, le consommateur développe des sentiments à l'égard du produit

Étape 3 : composante conative
Les sentiments du consommateur à l'égard du produit lui permettent de définir, dans un dernier temps, son intention d'achat

Hiérarchie de FAIBLE IMPLICATION

Pour un achat faiblement impliquant ou perçu comme peu risqué (ex : produits de consommation courante)

Étape 1 : composante cognitive
Le consommateur apprend des informations sur le produit et forme ses croyances

Étape 2 : composante conative
L'achat étant peu impliquant, le consommateur définit rapidement son intention d'achat

Étape 3 : composante affective
À la suite de l'achat, le consommateur peut définir ses sentiments à l'égard du produit qu'il consomme

Hiérarchie EXPÉRIENTIELLE

Pour un achat impulsif ou principalement lié à la recherche de plaisir

Étape 1 : composante affective
Le consommateur ressent l'envie soudaine d'avoir un produit

Étape 2 : composante conative
Immédiatement, le consommateur décide d'acheter le produit

Étape 3 : composante cognitive
Après l'achat, le consommateur explore le produit et acquiert des informations le concernant

Récit de trois achats relatifs aux trois hiérarchies des effets

EXEMPLE

Hiérarchie d'APPRENTISSAGE

Adam veut acheter une nouvelle voiture.

- Il débute par des investigations en ligne, en consultant les sites de Peugeot et Renault. Deux modèles attirent son attention : la Peugeot 3008 et la Renault Captur. Il projette de visiter des concessionnaires le week-end afin d'échanger avec des vendeurs (→ **composante cognitive**).
- À la suite de ses recherches, Adam manifeste une préférence marquée pour la Peugeot 3008. Il éprouve un réel engouement pour ce modèle (→ **composante affective**).
- Quelques jours plus tard, Adam prend la décision d'acheter la Peugeot 3008, en optant pour une couleur noire et un moteur hybride (→ **composante conative**).

Hiérarchie de FAIBLE IMPLICATION

Adam a faim. Il décide d'aller au Monoprix pour acheter un paquet de gâteaux.

- En tant qu'amateur de gâteaux au chocolat, il examine attentivement les paquets pour identifier ceux élaborés à partir de chocolat (→ **composante cognitive**).
- Rapidement, il repère un paquet de Mikado et décide de l'acheter (→ **composante conative**).
- À la suite de l'achat et lors de la dégustation, Adam prend plaisir à savourer les gâteaux (→ **composante affective**).

Hiérarchie EXPÉRIENTIELLE

Adam est allé chez Auchan pour faire ses courses. Il a mis dans son panier l'ensemble des produits dont il avait besoin. Il arrive à la caisse pour payer.

- Alors qu'Adam dépose les produits sur le tapis roulant, il aperçoit des paquets de bonbons Haribo et ressent l'envie soudaine et irrésistible d'en acheter un (→ **composante affective**).
- Quasi au hasard, Adam prend un paquet, le pose sur le tapis roulant et l'achète (→ **composante conative**).
- Une fois rentré chez lui, Adam examine l'emballage du paquet et découvre qu'il a pris des bonbons à la fraise et au citron (→ **composante cognitive**).

schéma 25

Les différents modèles de formation des attitudes

Lorsque le consommateur a le choix entre plusieurs produits pour satisfaire un besoin, il compare les attitudes qu'il a à l'égard de ses différentes options. Ces attitudes se basent sur plusieurs attributs ou caractéristiques des produits, que le consommateur estime être des critères de choix. Par des mécanismes de combinaison ou de sélection (appelés modèles de formation des attitudes), le consommateur identifie le meilleur des produits selon lui. Deux grands types de modèles de formation des attitudes existent : le modèle compensatoire et les modèles non compensatoires.

MODÈLES de formation des attitudes

Modèle COMPENSATOIRE

Modèle qui permet pour chaque produit d'obtenir une évaluation globale en prenant en compte tous les critères de choix et dont les évaluations faibles sur certains critères de choix sont compensées par les évaluations fortes des autres critères

Modèles NON COMPENSATOIRES

Modèles qui ne se basent pas sur des évaluations globales des produits en prenant en compte tous les critères de choix mais sur des processus d'éliminations successives grâce à une priorisation de certains critères

- **Modèle CONJONCTIF** : Choix basé sur des seuils minimums pour chaque critère de choix
- **Modèle DISJONCTIF** : Choix basé sur un seul critère de choix
- **Modèle LEXICOGRAPHIQUE** : Choix basé sur la définition d'un ordre des critères de choix

Les modèles de formation des attitudes selon les types de produits

EXEMPLE

Modèle COMPENSATOIRE

Pour choisir un produit dans une catégorie où le consommateur est fortement impliqué

Modèles NON COMPENSATOIRES

Pour choisir un produit dans une catégorie où il y a une profusion d'informations et une grande complexité

Dans de nombreux cas, le choix d'un produit peut résulter d'un mélange entre un modèle compensatoire et un modèle non compensatoire

schéma 26 Le modèle compensatoire de formation des attitudes

Le modèle compensatoire de formation des attitudes permet au consommateur d'effectuer un choix entre plusieurs produits en s'appuyant sur leur évaluation globale. Le consommateur définit l'importance des critères de choix et évalue chaque produit sur chacun de ces critères. Il procède ensuite, pour chaque produit, à un calcul de somme pondérée, permettant la compensation des pires scores sur certains attributs par les meilleurs scores sur d'autres attributs. Il choisira le produit avec la meilleure évaluation globale.

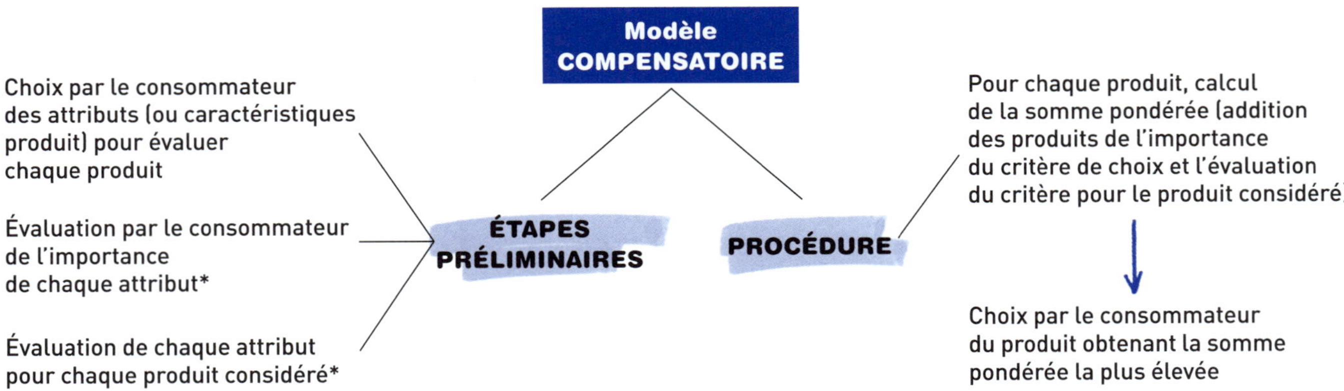

*par exemple, attribution d'une note allant de 1 à 5, sachant que 1 : note la plus faible et 5 : note la plus forte

Choix d'un ordinateur portable selon le modèle compensatoire

EXEMPLE

Anouk, 16 ans, a besoin d'un nouvel ordinateur. Après avoir été dans un magasin spécialisé, elle hésite entre trois modèles : un ordinateur de la marque Asus, un de la marque Acer et l'autre de la marque HP.

Pour faire son choix, quatre attributs (ou caractéristiques du produit) lui semblent importants à considérer : le poids de l'ordinateur, le prix, le design et la capacité de stockage.

Cependant, même si elle veut considérer ces quatre attributs, certains lui semblent plus importants que d'autres. Elle attribue donc une note (de 1 à 5) évaluant l'importance de chaque critère. Elle donne la note de 4 au poids, la note de 5 au prix, la note de 4 au design et la note de 3 à la capacité de stockage.

Anouk évalue ensuite chaque ordinateur au niveau des quatre attributs en donnant également des notes de 1 à 5.

Voici le tableau récapitulatif des évaluations :

	Importance de l'attribut	Asus	Acer	HP
Poids	4	4	4	5
Prix	5	5	3	2
Design	4	3	2	5
Stockage	3	3	3	5

Pour faire son choix, Anouk veut s'appuyer sur une évaluation globale. Elle utilise donc le modèle compensatoire et procède au calcul des sommes pondérées pour chaque ordinateur :

Pour Asus : $4 \times 4 + 5 \times 5 + 3 \times 4 + 3 \times 3 = 62$

Pour Acer : $4 \times 4 + 3 \times 5 + 2 \times 4 + 3 \times 3 = 48$

Pour HP : $5 \times 4 + 2 \times 5 + 5 \times 4 + 5 \times 3 = 65$

Le modèle d'ordinateur qui obtient la somme pondérée la plus élevée est HP.

➡ **Anouk décide donc d'acheter ce modèle.**

schéma 27

Le modèle non compensatoire conjonctif de formation des attitudes

Le modèle non compensatoire conjonctif de formation des attitudes permet au consommateur d'effectuer un choix entre plusieurs produits en s'appuyant sur des notes limites que les produits doivent atteindre sur chaque attribut (caractéristique du produit) pour être considérés comme acceptables. Le consommateur choisira le produit dont les critères de choix seront évalués avec des notes égales ou supérieures aux limites qu'il aura fixées au préalable.

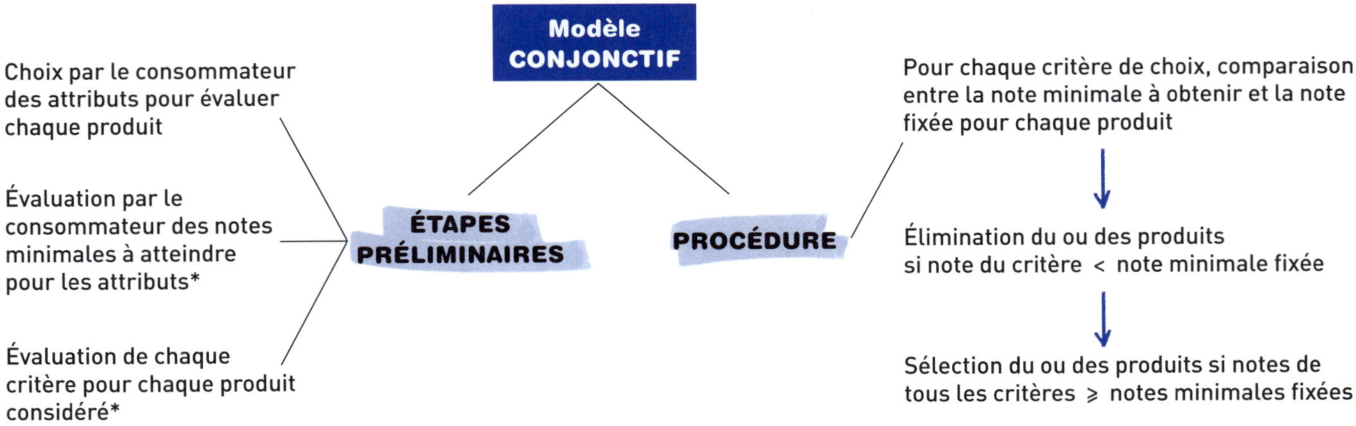

*par exemple, attribution d'une note allant de 1 à 5, sachant que 1 : note la plus faible et 5 : note la plus forte

Choix d'une voiture selon le modèle non compensatoire conjonctif EXEMPLE

Lauren, 20 ans, désire acheter sa première voiture pour faciliter ses trajets entre chez elle et son université.
Après discussion avec sa mère, elle pense que trois modèles de voiture pourraient lui convenir : la Peugeot 208, la Renault Twingo et la Fiat Panda. Mais elle hésite beaucoup.

Pour faire son choix, Lauren pense que trois attributs sont importants à considérer : le prix, l'esthétique et les équipements en termes de sécurité. Elle décide avant d'évaluer chaque modèle de voiture de définir pour chaque attribut une note minimale que les voitures doivent atteindre pour qu'elle puisse éventuellement les acheter (les notes pouvant aller de 1, la note la plus faible à 5, la note la plus élevée).

Après cette étape, Lauren évalue chaque voiture selon les trois attributs en leur donnant une note de 1 à 5.

Voici le tableau récapitulatif des évaluations :

	Note minimale	208	Twingo	Panda
Prix	4	3	4	5
Esthétique	3	5	3	3
Sécurité	5	5	3	5

Pour faire son choix, Lauren procède critère par critère.
Elle sélectionne ou élimine les voitures selon leur capacité à atteindre ou non les notes minimales préalablement fixées :

Pour le prix :

Note 208 (3) < Note minimale (4) → Élimination de la 208

Notes Twingo (4) et Panda (5) ≥ Note minimale (4)
→ Sélection des Twingo et Panda

Pour l'esthétique :

Notes Twingo (3) et Panda (3) ≥ Note minimale (3)
→ Sélection des Twingo et Panda

Pour la sécurité :

Note Twingo (3) < Note minimale (5) → Élimination de la Twingo

Notes Panda (5) ≥ Note minimale (5) → Sélection de la Panda

➡ **Lauren choisit donc la Fiat Panda, seule voiture dont les attributs sont évalués de façon égale ou supérieure aux notes qu'elle a préalablement fixées.**

schéma 28

Le modèle non compensatoire disjonctif de formation des attitudes

Le modèle non compensatoire disjonctif de formation des attitudes s'appuie sur l'obtention de la note maximale sur un attribut (éventuellement deux) sans tenir compte des autres caractéristiques du produit. Le consommateur choisit le ou les produits en fonction de leur niveau d'excellence sur cet attribut. Ce modèle est moins courant car jugé moins réaliste. En effet, très peu de situations d'achat impliquent un choix satisfaisant en s'appuyant sur un seul attribut.

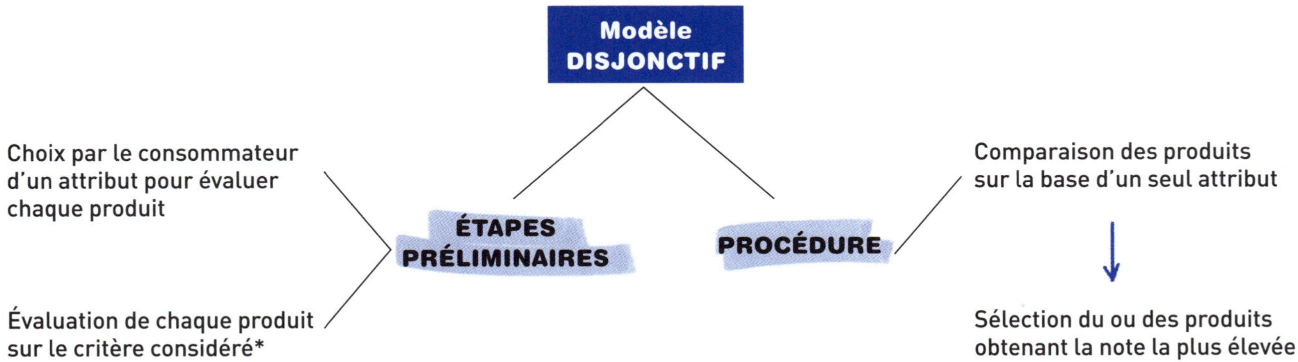

*par exemple, attribution d'une note allant de 1 à 5, sachant que 1 : note la plus faible et 5 : note la plus forte

Choix d'un sac Gérard Darel selon le modèle non compensatoire disjonctif

EXEMPLE

Judith rentre au lycée dans quelques jours.
Pour marquer cette étape, elle décide de s'acheter un nouveau sac de cours. Elle hésite entre trois modèles de sac noir de la marque Gérard Darel :

- le 24 heures Zip
- le St Germain
- le Rebelle GD.

Les trois sacs lui plaisent beaucoup. Pour faire son choix, elle va donc se baser sur le seul critère du prix.
Elle donne une note de 1 à 5 aux trois modèles selon leur prix. Plus le prix est élevé, moins la note est bonne.
Voici le tableau récapitulatif des évaluations :

	24H Zip	St Germain	Rebelle GD
Prix	4 (325 €)	2 (395 €)	3 (385 €)

D'après le tableau, le modèle qui obtient la meilleure note est le 24H Zip.

➡ **Judith décide donc d'acheter ce produit pour sa rentrée au lycée.**

schéma 29

Le modèle non compensatoire lexicographique de formation des attitudes

Le modèle non compensatoire lexicographique de formation des attitudes permet au consommateur d'effectuer un choix entre plusieurs produits en s'appuyant sur des attributs (ou caractéristiques du produit) classés selon un ordre d'importance. Le consommateur compare successivement les notes des produits considérés sur chaque attribut en partant de celui placé en première position et en finissant par celui placé en dernière position. Il élimine progressivement les produits les moins bien notés et choisit le dernier produit non éliminé.

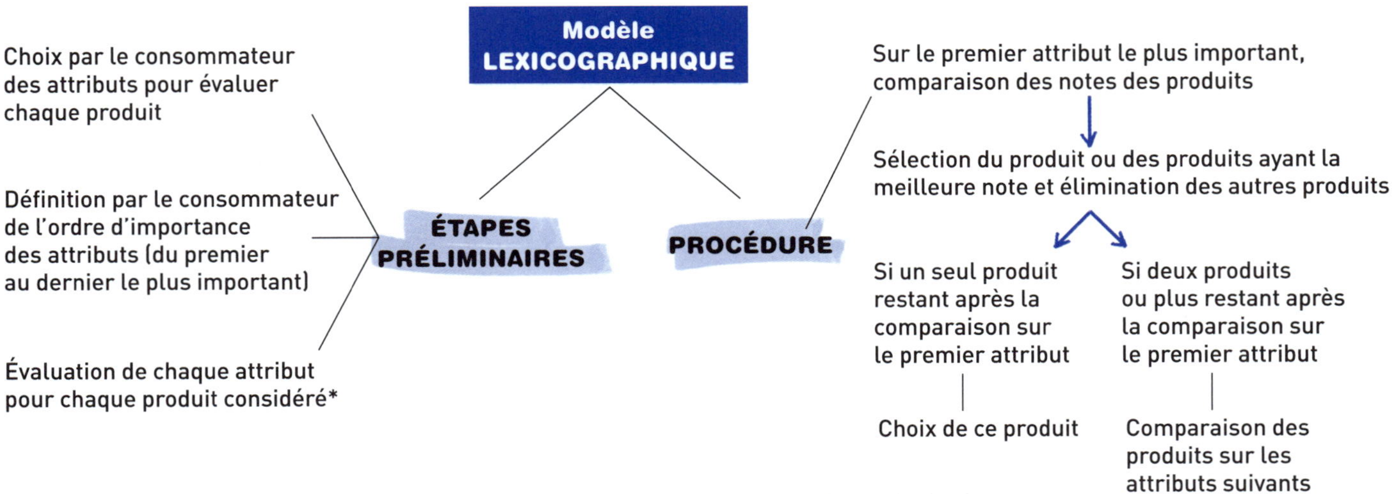

*par exemple, attribution d'une note allant de 1 à 5, sachant que 1 : note la plus faible et 5 : note la plus forte

Choix d'une imprimante laser selon le modèle non compensatoire lexicographique

EXEMPLE

Alain a besoin d'une nouvelle imprimante.
En allant sur le site Internet de la Fnac, il a repéré trois modèles intéressants :

- une imprimante HP Color LaserJet
- une imprimante Laser Brother
- et une imprimante Brother DCP.

Pour faire son choix, Alain pense que trois attributs sont importants à considérer : le prix de l'imprimante, la taille de l'imprimante et sa consommation d'encre.
Ces critères sont placés par ordre d'importance par Alain. En premier, il considère le prix, puis la consommation d'encre et enfin la taille de l'imprimante.

Après cette étape, Alain va rechercher des informations précises sur chacun des trois modèles d'imprimante et donne une note (de 1 : note la plus faible à 5 : note la plus élevée) pour chaque attribut.

Voici le tableau récapitulatif des évaluations :

	Ordre d'importance	HP	Brother	Brother DCP
Prix	1	4	4	3
Taille	3	5	3	3
Encre	2	4	4	5

Pour faire son choix, Alain considère d'abord l'attribut classé en premier : le prix.
Les notes des modèles HP et Brother sont identiques (4) et supérieures à la note du modèle Brother DCP.
→ Alain élimine le modèle Brother DCP.
→ Il continue de considérer les modèles HP et Brother.

Comme deux produits sont à égalité sur le premier attribut, Alain les compare maintenant sur l'attribut mis en 2e position : la consommation d'encre.
Les notes des modèles HP et Brother sont identiques également (4).
→ Alain ne peut pas faire de choix.

Comme deux produits sont à égalité sur le deuxième attribut, Alain les compare maintenant sur l'attribut mis en 3e position : la taille de l'imprimante
La note du modèle HP (5) est supérieure à la note du modèle Brother (3).
➡ **Alain élimine le modèle Brother et choisit le modèle HP.**

Chapitre 4

LES PROCÉDURES D'ÉTUDES MARKETING ET OUTIL DE SYNTHÈSE

Schémas

schéma 30 Le système d'information marketing (SIM)

Lors de l'étape du marketing des études, et afin de récolter les informations nécessaires à la définition du marketing stratégique, l'entreprise met en place un système d'information marketing (SIM). Ce système définit les processus et les outils permettant de collecter, d'analyser et de diffuser les informations pertinentes pour la prise de décision marketing.

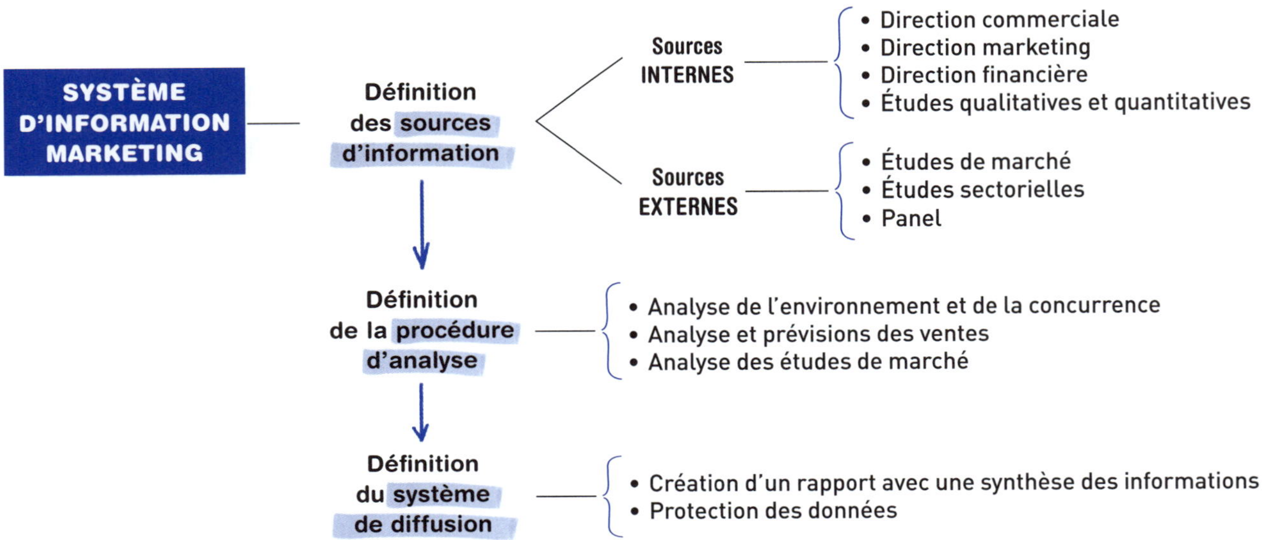

Extrait d'article de presse

EXEMPLE

" Comment exploiter efficacement la manne d'informations dont les entreprises disposent ? "

Par **Antoine Buat**
Publié le 19 avril 2022 dans *Les Échos Solutions*

" À l'heure du Big Data, les entreprises sont confrontées à des volumes de données de plus en plus grands, rendant leur traitement et leur analyse particulièrement complexes. Pourtant, cette manne d'informations est une véritable mine d'or pour les organisations qui parviennent à l'exploiter.

En représentant simplement ces données à l'aide d'outils de *Business Intelligence* et de data visualisation, il est possible d'obtenir une vision exhaustive et précise de son activité, afin de mieux piloter l'entreprise et d'accélérer sa croissance.

Des volumes de données toujours plus importants

Depuis plusieurs années, la quantité de données détenue par les organisations augmente de manière exponentielle. Selon Statista, entre 2010 et 2020, le volume total de data à l'échelle mondiale est passé de 2 à 64 zettaoctets. Un phénomène qui n'est pas près de s'essouffler : d'après les prévisions, 180 zettaoctets de données devraient être générés à l'horizon 2025 !

(...)

La *Business Intelligence* : un outil incontournable

Pour exploiter tout le potentiel de ses données, encore faut-il que l'entreprise utilise un outil adéquat. C'est là qu'intervient la solution de *Business Intelligence*, capable de traiter de grands volumes de données issus de sources diverses, de réaliser des analyses solides et de mettre à jour l'ensemble des informations en temps réel. "

schéma 31 Les études qualitatives et quantitatives

Certaines informations nécessaires à l'entreprise pour créer et vendre un nouveau produit doivent être recherchées *via* la réalisation d'études qualitatives et quantitatives. La plupart du temps, l'objectif de ces études est de mieux identifier et comprendre les besoins des consommateurs ainsi que de mieux mesurer et évaluer les tendances observées.

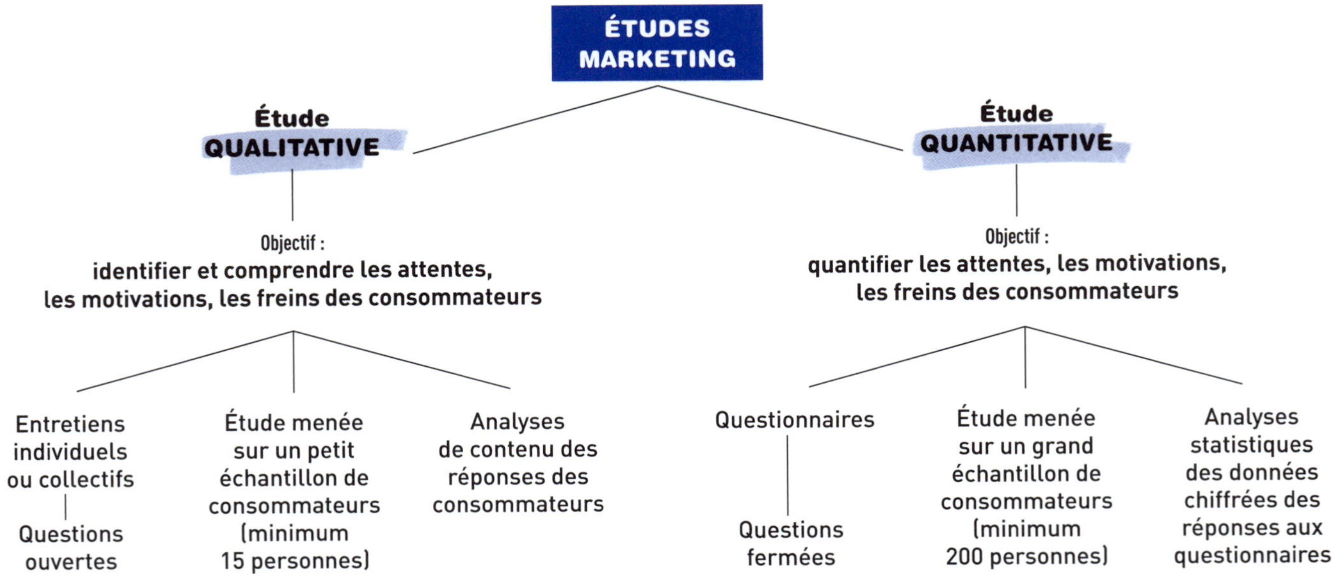

Extrait d'un guide d'entretien et d'un questionnaire sur les perceptions des consommateurs à l'égard des shampoings solides

EXEMPLE

Étude QUALITATIVE

Guide d'entretien
(questions ouvertes)

- Que pensez-vous des shampoings solides ?
- Que pensez-vous de l'efficacité des shampoings solides ?
- Quelle est votre opinion à propos des shampoings solides ?
- Pouvez-vous m'expliquer quels sont pour vous les avantages et les inconvénients des shampoings solides ?
- Quelles sont vos attentes à l'égard des shampoings solides ?
- Pouvez-vous me décrire le shampoing solide idéal pour vous ?

Étude QUANTITATIVE

Questionnaire
(questions fermées)

Quelle est votre opinion à propos des shampoings solides ?

Je trouve les shampoings solides...	Pas du tout d'accord	Pas d'accord	D'accord	Tout à fait d'accord	Sans avis
efficaces					
responsables					
pratiques					

Envisagez-vous d'acheter un shampoing solide ?

☐ J'envisage totalement d'acheter un shampoing solide.
☐ J'envisage peut-être d'acheter un shampoing solide.
☐ Je n'envisage pas d'acheter un shampoing solide.
☐ Je n'envisage pas du tout d'acheter un shampoing solide.

schéma 32 La synthèse des études *via* la matrice SWOT

Après avoir collecté et analysé les données nécessaires à l'entreprise, il est important de les synthétiser dans une matrice SWOT qui résume, d'une part, les forces (*strengths*) et les faiblesses (*weaknesses*) de l'entreprise et, d'autre part, les opportunités (*opportunities*) et les menaces (*threats*) de son environnement. Cette matrice permettra aux managers de l'entreprise de prendre des décisions relatives à sa stratégie marketing.

	Éléments positifs (+)	Éléments négatifs (−)
Synthèse de l'analyse interne	**FORCES** *STRENGTHS* **S**	**FAIBLESSES** *WEAKNESSES* **W**
Synthèse de l'analyse externe	**OPPORTUNITÉS** *OPPORTUNITIES* **O**	**MENACES** *THREATS* **T**

Matrice SWOT d'une entreprise de maquillage souhaitant créer une gamme de produits bio

EXEMPLE

Une entreprise de maquillage veut créer une nouvelle gamme de produits bio. Elle a réalisé un certain nombre d'études au niveau interne pour connaître quelles sont ses possibilités (notamment en termes financiers mais aussi au niveau de ses capacités de production) ainsi qu'au niveau externe lui permettant de mieux comprendre son environnement et les attentes des consommateurs. Après plusieurs mois d'études et d'analyses, l'entreprise est en capacité de faire une synthèse des résultats obtenus et les présente sous la forme d'une matrice SWOT.

FORCES
S

- Bonne notoriété de l'entreprise
- Bonne image de marque
- Situation financière positive

FAIBLESSES
W

- Manque de personnel
- Chaîne de production ayant atteint sa capacité maximale

OPPORTUNITÉS
O

- Consommateurs de plus en plus sensibles aux causes environnementales et en recherche de produits plus sains

MENACES
T

- Inflation et baisse du pouvoir d'achat
- Nombre important d'entreprises déjà présentes dans le maquillage bio

QUIZ Partie 1

Chapitre 1 : Les analyses externes

1) L'analyse interne étudie les opportunités et les menaces de l'environnement de l'entreprise :

a. vrai. b. faux.

2) Le macro-environnement de l'entreprise correspond à :

a. l'environnement général au sein duquel l'entreprise évolue.
b. l'environnement direct de l'entreprise comprenant les acteurs qui peuvent exercer un poids sur l'entreprise.

3) L'analyse de la concurrence fait partie de l'analyse :

a. du macro-environnement. b. du micro-environnement.

4) L'acronyme PESTEL dans l'étude du macro-environnement fait référence aux facteurs suivants :

a. politique, économique, scientifique, technologique, écologique, légal.
b. politique, économique, socioculturel, travail, écologique, légal.
c. politique, économique, socioculturel, technologique, écologique, légal.

5) Dans l'analyse de la structure de la demande, la demande potentielle correspond à :

a. l'ensemble de la population à laquelle l'entreprise peut s'adresser.
b. l'ensemble des consommateurs susceptibles de consommer le produit.
c. l'ensemble des clients actuels de l'entreprise et des clients actuels des entreprises concurrentes.

Chapitre 2 : Les analyses internes

6) Dans le modèle des cinq forces de Porter qui étudie la concurrence, le pouvoir de négociation des fournisseurs a pour objectif :

a. de savoir si les fournisseurs peuvent imposer leurs conditions.
b. de connaître les techniques de négociation des fournisseurs.

7) Un concurrent direct est :

a. un concurrent qui a contacté la marque pour lui faire une offre de rachat.
b. un concurrent qui répond au même besoin avec un produit quasi-identique.
c. un concurrent qui a de plus fortes parts de marché.

8) Pour un trajet Paris-Marseille, Air France est un concurrent direct de la SNCF :

a. vrai. b. faux.

9) Sur un marché, l'entreprise définie comme le leader est :

a. l'entreprise qui a la plus forte part de marché.
b. l'entreprise qui a été créée en premier, avant ses concurrents.
c. l'entreprise qui vend les produits de meilleure qualité.

10) Sur un marché, l'entreprise définie comme spécialiste est :

a. l'entreprise qui vend un seul et unique produit.
b. l'entreprise qui vend des produits personnalisés.
c. l'entreprise qui vend des produits de très grande qualité et en quantité limitée.

11) La chaîne de valeur de Porter a pour objectif :
a. de repérer les activités qui permettent à une entreprise de créer de la valeur pour le client.
b. de déterminer le prix du produit afin de générer de la valeur pour l'entreprise.

12) Dans la matrice BCG, les produits définis comme « Vaches à lait » ont :
a. une forte part de marché sur un marché à forte croissance.
b. une forte part de marché sur un marché à faible croissance.
c. une faible part de marché sur un marché à forte croissance.

13) Le diagramme d'Hishikawa a pour objectif :
a. d'analyser les sources potentielles d'un problème identifié.
b. d'analyser la concurrence.
c. d'analyser la création de valeur pour le client.

Chapitre 3 : L'analyse du comportement du consommateur

14) Le processus de décision extensif du consommateur n'inclut pas les phases de pré-achat et de post-achat :
a. vrai. b. faux.

15) Le processus d'achat routinier inclut la phase de reconnaissance d'un besoin :
a. vrai. b. faux.

16) L'achat compulsif correspond à :
a. un achat effectué pour réduire un état de tension psychologique.
b. un achat effectué pour assouvir une envie soudaine.

17) Le comportement du consommateur peut être expliqué :
a. uniquement en prenant en compte les facteurs démographiques et psychologiques du consommateur.
b. uniquement en prenant en compte le contexte d'achat et les facteurs socioculturels.
c. en prenant en compte l'ensemble de ces facteurs.

18) Pour expliquer le comportement du consommateur, on peut parfois se référer à son groupe de référence qui fait partie :
a. des acteurs psychologiques.
b. des facteurs socioculturels.
c. des facteurs démographiques.

19) La phrase « Je trouve le produit beau et efficace » fait référence à :
a. la composante cognitive de l'attitude.
b. la composante affective de l'attitude.
c. la composante conative de l'attitude.

20) La phrase « J'ai l'intention de recommander ce produit à mes parents » fait référence à :
a. la composante cognitive de l'attitude.
b. la composante affective de l'attitude.
c. la composante conative de l'attitude.

21) La phrase « Je déteste ce produit » fait référence à :
a. la composante cognitive de l'attitude.
b. la composante affective de l'attitude.
c. la composante conative de l'attitude.

22) La hiérarchie d'apprentissage correspond à l'enchaînement des composantes de l'attitude suivant :
a. Composante affective → Composante cognitive → Composante conative.
b. Composante cognitive → Composante affective → Composante conative.
c. Composante cognitive → Composante conative → Composante affective.

Pour les questions 23 à 25, considérez l'énoncé et le tableau ci-dessous :

Jany veut acheter un meuble TV pour son nouvel appartement. Elle est allée dans plusieurs magasins et a repéré trois modèles qui lui plaisent : un chez Alinéa, un autre chez Ikea et un dernier chez Maison du Monde. Pour faire son choix, Jany utilise plusieurs attributs (ou critères de choix) : le prix, le design, la qualité du matériau utilisé. Voici le tableau présentant les notes que Jany attribue à chaque critère pour chacune des marques ainsi que l'ordre d'importance, la note d'importance et les seuils minimums de chaque attribut si nécessaire dans son processus de choix. Les notes vont de 1 (note la plus faible) à 5 (note la plus élevée).

	Importance	Note minimum	Ordre	Alinéa	Ikea	Maisons du Monde
Prix	4	3	2e	4	4	5
Design	5	3	1er	5	2	4
Matériau	2	3	3e	3	1	2

23) Quel modèle de meuble Jany va-t-elle choisir si elle utilise le modèle compensatoire ?

a. Le meuble Alinéa. b. Le meuble Ikea.
c. Le meuble Maisons du Monde.

24) Quel modèle de meuble Jany va-t-elle choisir si elle utilise le modèle conjonctif ?

a. Le meuble Alinéa. b. Le meuble Ikea.
c. Le meuble Maisons du Monde.

25) Quel modèle de meuble Jany va-t-elle choisir si elle utilise le modèle lexicographique ?

a. Le meuble Alinéa. b. Le meuble Ikea.
c. Le meuble Maisons du Monde.

Chapitre 4 : Les procédures d'études marketing et outil de synthèse

26) Une étude qualitative utilise généralement :

a. des articles académiques.
b. des entretiens.
c. des questionnaires.

27) Une question fermée est :

a. une question qui laisse au répondant la possibilité de cocher sa réponse parmi plusieurs propositions.
b. une question qui laisse au répondant la possibilité d'exprimer et de détailler sa réponse avec ses propres mots et phrases.

28) Au sein de la matrice SWOT, l'analyse externe permet de synthétiser les forces et les faiblesses de l'entreprise :

a. vrai. b. faux.

29) Dans la matrice SWOT, les difficultés financières de l'entreprise doivent s'inscrire dans :

a. les faiblesses.
b. les menaces.

POUR ALLER PLUS LOIN, scannez le QR code pour accéder à plus de QCM !

www.lienmini.fr/413632-02

Réponses : 1/b ; 2/a ; 3/b ; 4/c ; 5/b ; 6/a ; 7/b ; 8/b ; 9/a ; 10/c ; 11/a ; 12/b ; 13/a ; 14/b ; 15/a ; 16/a ; 17/c ; 18/b ; 19/a ; 20/c ; 21/b ; 22/b ; 23/a ; 24/a ; 25/a ; 26/b ; 27/a ; 28/b ; 29/a

LEXIQUE Partie 1

Achat compulsif : Envie incontrôlable d'acheter qui est poussée par une tension psychologique résultant de facteurs internes et qui s'accompagne d'un sentiment de soulagement et de frustration provoqué par le caractère addictif du comportement.

Achat impulsif : Achat non prévu décidé d'une manière très rapide, au moment où le consommateur se trouve en présence du produit dans un point de vente.

Analyse externe : Procédure qui consiste à évaluer les opportunités et les menaces de l'environnement de l'entreprise à travers l'étude de la concurrence, de la clientèle et du marché.

Analyse interne : Procédure qui consiste à évaluer les forces et les faiblesses de l'entreprise à travers l'étude de ses ressources et de ses compétences.

Attitude : Prédisposition à évaluer d'une certaine manière (positive ou négative) un produit.

Besoin : Manque psychique ou physique qui, non satisfait, se traduit en désir et qui motive une action.

Chaîne de valeur de Porter : Modèle ou outil définissant l'entreprise comme un enchaînement d'activités interconnectées qui développent chacune une valeur plus ou moins stratégique et importante pour l'entreprise.

Challenger : Entreprise qui se situe généralement en deuxième position sur un marché, derrière le leader, en termes de parts de marché.

Concurrence directe : Ensemble des entreprises proposant un produit similaire ou quasi similaire au produit de l'entreprise considérée.

Concurrence indirecte : Ensemble des entreprises proposant un produit différent, mais répondant au même besoin que celui de l'entreprise considérée.

Demande : Quantité d'un produit qui est demandée ou souhaitée par les consommateurs.

Diagramme d'Ishikawa : Outil permettant de représenter graphiquement les différentes causes potentielles d'un problème ou d'un effet indésirable identifié.

Étude qualitative : Étude dont l'objectif est de mieux comprendre le comportement des consommateurs, leurs usages, leurs besoins, leurs attitudes, leurs motivations ou leurs freins.

Étude quantitative : Étude visant à fournir des résultats quantifiés sur le comportement des consommateurs, leurs usages, leurs besoins, leurs attitudes, leurs motivations ou leurs freins et dont la représentativité peut être évaluée avec précision.

Leader : Entreprise qui possède la plus grande part de marché sur un marché défini.

Macro-environnement : Environnement général au sein duquel l'entreprise évolue.

Matrice BCG : Outil d'analyse stratégique permettant de représenter le portefeuille d'activités de l'entreprise selon la croissance du marché ciblé et la part de marché relative de l'entreprise.

Micro-environnement : Environnement direct comprenant les acteurs qui peuvent exercer un poids plus ou moins fort sur l'entreprise.

Modèle des forces de Porter : Outil permettant d'identifier les forces en concurrence dans une industrie, qui déterminent son intensité concurrentielle et ainsi sa profitabilité.

Modèle PESTEL : Modèle permettant d'analyser l'ensemble des facteurs externes à l'entreprise et qui ont une influence sur ses opérations mais qui sont hors de son contrôle.

SIM (système d'information marketing) : Ensemble des processus et des outils permettant à l'entreprise de collecter, d'analyser et de diffuser des informations pertinentes pour sa prise de décision marketing.

Spécialiste : Entreprise qui vend des produits d'exception en termes de qualité, fabriqués en quantité très limitée et dont les prix sont très élevés.

Suiveur : Entreprise possédant une part de marché plus faible dont la stratégie est d'imiter les produits des concurrents mais avec des prix de produits inférieurs.

LE MARKETING STRATÉGIQUE

Partie **2**

Après avoir mené un ensemble d'études et de diagnostics externes et internes et avoir synthétisé les informations dans une matrice SWOT (Partie 1), l'entreprise définit sa stratégie marketing. Elle décide les orientations qu'elle souhaite donner pour la création et le lancement du nouveau produit.
En s'appuyant sur les résultats des études menées, l'entreprise a défini le groupe ou les groupes de consommateurs qu'elle souhaite en priorité atteindre avec son offre (ciblage). Le choix de la cible ou des cibles s'effectue grâce à un travail de segmentation des consommateurs.
Simultanément et de façon cohérente, l'entreprise a choisi les éléments clés de sa proposition de valeurs, qui lui permettent de donner à son offre une position crédible, attractive et différente sur son marché et dans l'esprit des clients (positionnement).

À cette étape l'entreprise doit fixer des objectifs datés et chiffrés. Elle doit estimer combien de produits doivent être vendus en une période définie. Ces estimations sont déterminées en fonction des analyses préalablement menées mais aussi du choix du positionnement et de la cible.

Chapitres

schéma 33 Les trois composantes du marketing stratégique

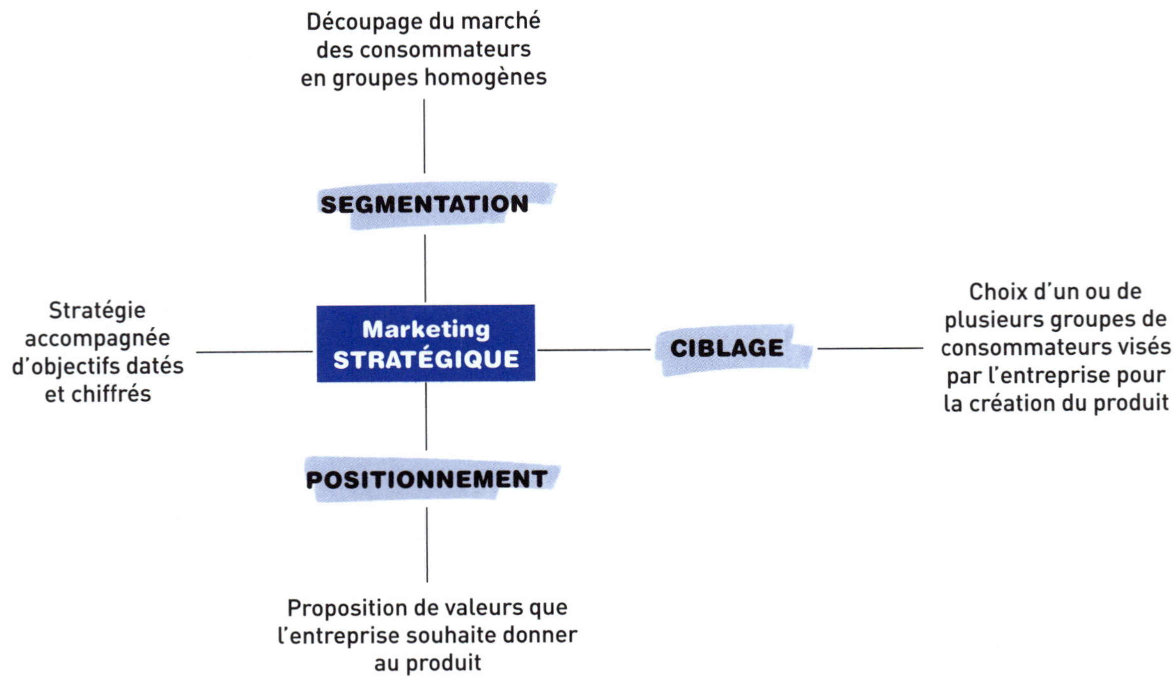

Chapitre 5

LA SEGMENTATION

Schémas

schéma 34

Les critères de segmentation

La segmentation consiste à découper l'ensemble des consommateurs en segments (groupes). Pour ce faire, il est nécessaire d'utiliser des critères de segmentation pertinents. Il en existe de différents types. Tous ne doivent pas être pris en compte lorsqu'une entreprise définit sa stratégie marketing. Le choix des critères dépend du produit que l'entreprise veut créer et vendre, mais aussi de son contexte et de son environnement.

CRITÈRES DE SEGMENTATION

Critères sociodémographiques

- Âge
- Sexe
- Taille et composition de la famille
- Niveau de revenu
- Professions et Catégories Socioprofessionnelles (PCS)
- Nationalité
- Pratique religieuse

Critères géographiques

- Pays
- Ville
- Région
- Type d'habitat
- Taille de la ville

Critères psychographiques

- Personnalité
- Style de vie
- Objectifs de vie

Critères comportementaux

- Type d'achat
- Consommation
- Utilisation des médias
- Utilisation des technologies
- Avantages recherchés du produit
- Fréquence et quantité d'achat

Choix de critères de segmentation sur le marché des yaourts

EXEMPLE

La segmentation sur le marché des yaourts est souvent liée à l'âge des consommateurs. Quatre principaux groupes de consommateurs peuvent alors être identifiés : les bébés, les enfants, les adultes et les seniors. Chaque groupe a des besoins ou des attentes spécifiques, différents des autres groupes.

LES BÉBÉS

Besoins identifiés : produits simples pour favoriser la diversification alimentaire progressive

Ex : **Nestlé - P'tit brassé**

LES ENFANTS

Besoins identifiés : produits attractifs par leur forme et leur goût mais également favorables à leur croissance

Ex : **Yoplait - Petits Filous Tub's**

LES ADULTES

Besoins identifiés : produits gourmands axés sur le plaisir (dessert) mais aussi le bien-être

Ex : **Danone - Activia**

LES SENIORS

Besoins identifiés : produits gourmands et bons pour la santé (ex : pour renforcer les os à cause d'un risque élevé d'ostéoporose)

Ex : **Yoplait - Câlin**

schéma 35

Les méthodes de segmentation

Après avoir choisi les critères de segmentation les plus pertinents pour le type de produit que l'entreprise souhaite créer et vendre, des groupes de consommateurs (segments) vont pouvoir être formés. Deux principales méthodes peuvent être employées : par arborescence (descendante) ou par typologie (ascendante).

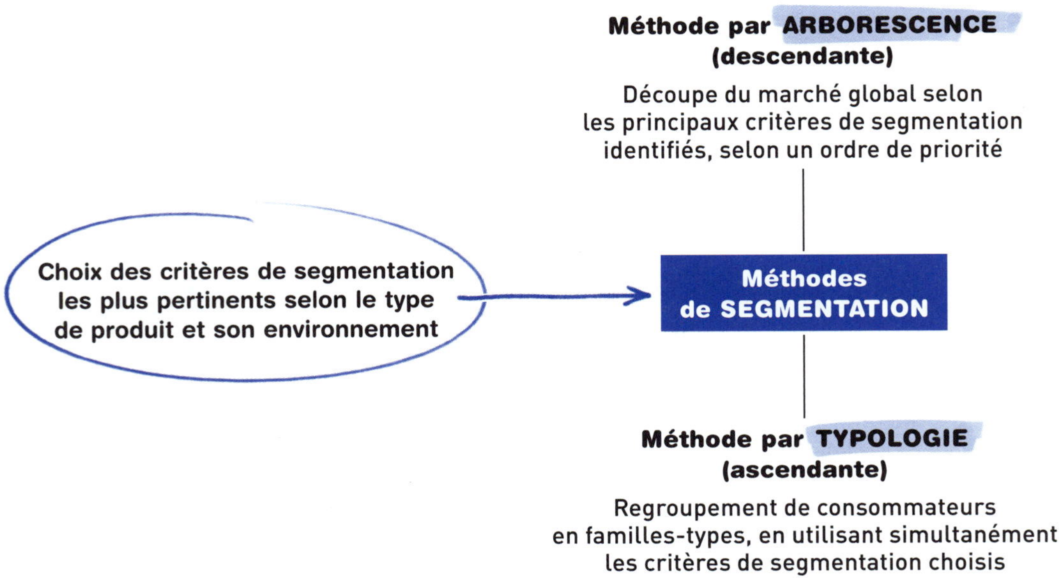

Schématisation des modèles de segmentation

EXEMPLE

Deux critères de segmentation sont choisis par une entreprise vendant des abonnements téléphoniques : l'âge et la fidélité des consommateurs à l'égard des entreprises d'abonnements téléphoniques.
Voici les deux schématisations des modèles de segmentation qui s'appuient sur ces critères :

Méthode par ARBORESCENCE
(descendante)

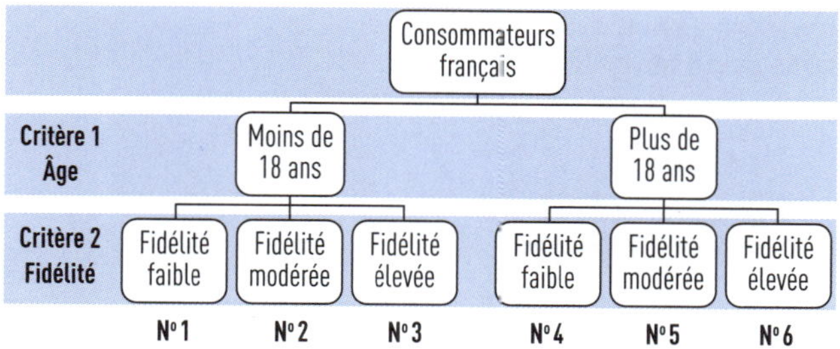

Méthode par TYPOLOGIE
(ascendante)

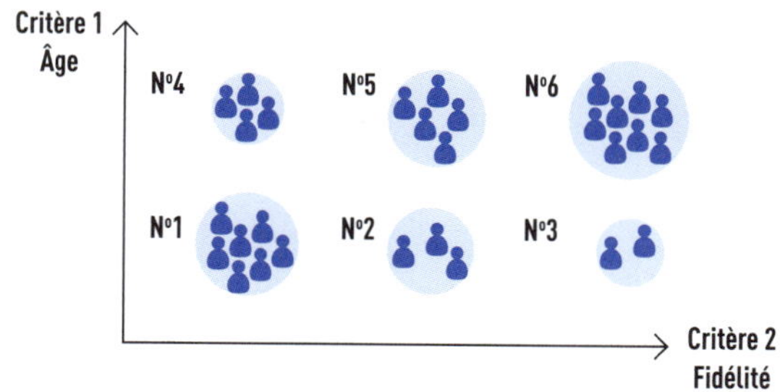

	Méthode par arborescence	Méthode par typologie
Exemple d'interprétation	Le groupe n°3 correspond à des personnes de moins de 18 ans fortement fidèles	Le groupe n°5 correspond à des personnes plus âgées moyennement fidèles
Avantage de la méthode	Possibilité de rajouter facilement un troisième critère pour préciser encore davantage les groupes	Visualisation de la taille de chaque groupe (en fonction de la taille de cercles)
Inconvénient de la méthode	Pas de visualisation de la taille de chaque groupe	Impossibilité de rajouter facilement un troisième critère de segmentation (vision 3D trop complexe)

schéma 36 Les conditions d'une bonne segmentation

Après avoir défini les segments de consommateurs, l'entreprise doit vérifier que le découpage est pertinent et pourra ensuite permettre d'effectuer le ciblage (choix du ou des groupes sur le(s) quel(s) elle focalisera ses efforts marketing). Trois principaux critères peuvent être utilisés : la mesurabilité des segments, l'homogénéité intra-segment et l'hétérogénéité inter-segments.

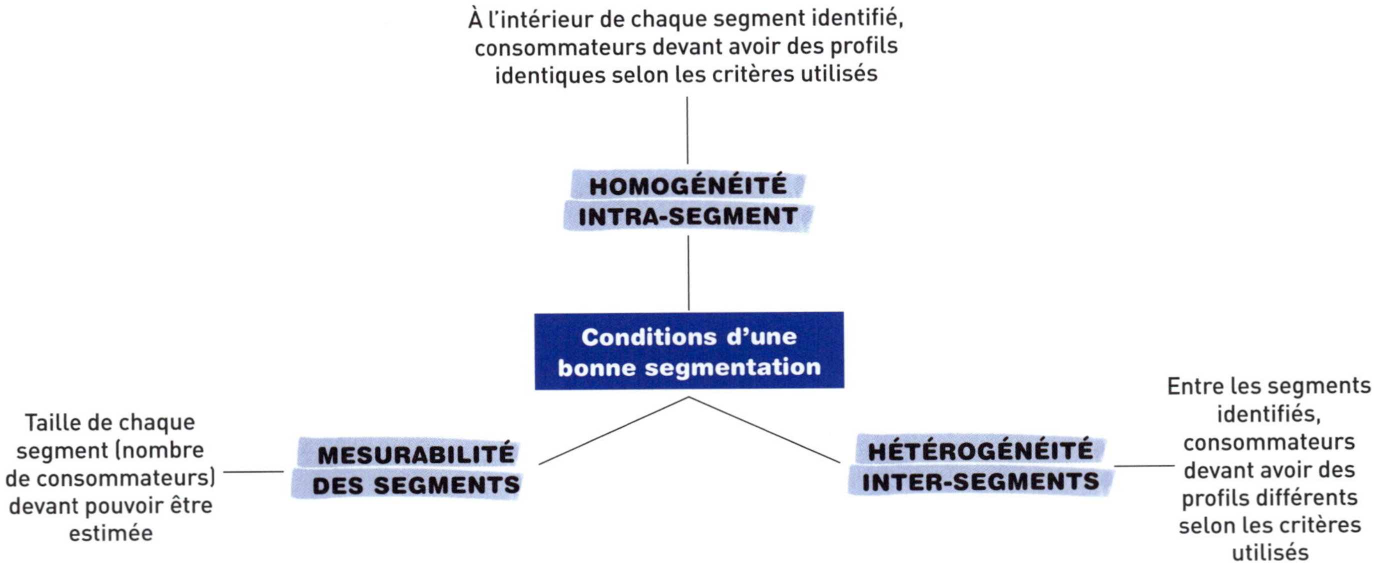

Erreur de segmentation sur le marché des vêtements de sport pour enfants

EXEMPLE

Sabine, sortant d'une école de stylisme, souhaite lancer sa propre marque de vêtements de sport pour les enfants. Pour cela, elle a besoin de mener une étude pour connaître les différents types de vêtements dont les enfants ont besoin afin de choisir quels seront les enfants qu'elle ciblera et quels seront les vêtements qu'elle créera. Elle procède à une segmentation qui utilise les critères suivants :

- le sexe (garçons/filles)
- le type de consommation (vêtements spécifiques à un sport/vêtements multisports).

Quatre groupes de consommateurs sont identifiés :

Les filles
qui pratiquent un seul sport et ont besoin de vêtements spécifiques

Les filles
qui pratiquent plusieurs sports et ont besoin de vêtements non spécifiques

Les garçons
qui pratiquent un seul sport et ont besoin de vêtements spécifiques

Les garçons
qui pratiquent plusieurs sports et ont besoin de vêtements non spécifiques

Pour évaluer si la segmentation est bonne et pourra lui permettre de faire un choix de cible, Sabine vérifie sa segmentation à l'aide des trois critères : mesurabilité, homogénéité intra-segment et hétérogénéité inter-segments.

Sabine se rend alors compte qu'il est difficile de différencier les enfants selon leur pratique d'un ou plusieurs sports et que, par conséquent, il est encore plus complexe d'estimer la taille de chaque segment.

➡ **La segmentation n'est pas bonne.**
Les critères de segmentation doivent être changés.

Chapitre 6

LE CIBLAGE

Schémas

schéma 37 Les stratégies de ciblage

Une fois que la segmentation a été correctement effectuée, l'entreprise doit choisir le ou les segments sur le(s) quel(s) elle va focaliser son attention pour la création et le lancement du nouveau produit (ciblage). Quatre principales stratégies de ciblage peuvent être déterminées selon le type de produit ou service et selon les capacités de l'entreprise et sa stratégie globale.

Quatre stratégies de ciblage

EXEMPLE

Marketing GLOBAL/ INDIFFÉRENCIÉ/ DE MASSE

STYLO CRYSTAL BIC

Est conçu pour tous les consommateurs sans distinction particulière

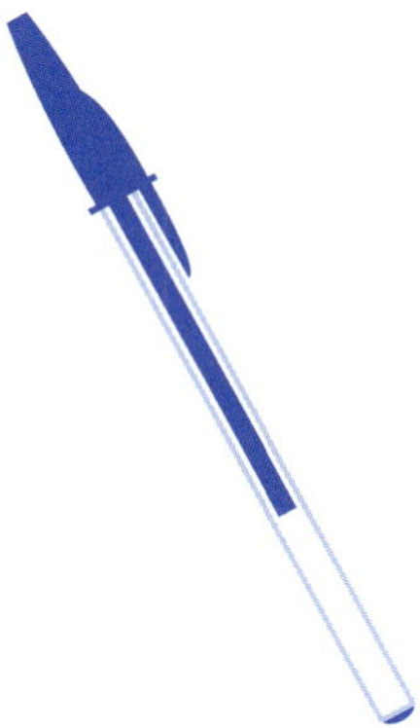

Marketing CIBLÉ, CONCENTRÉ ou DE NICHE

SERAPHINE

Cible les femmes enceintes ou allaitantes uniquement

Marketing DIFFÉRENCIÉ

ZARA

Cible plusieurs groupes de façon distincte : les femmes, les hommes et les enfants

MICRO-MARKETING ou MARKETING PERSONNALISÉ

NIKE

Donne la possibilité de personnaliser des baskets grâce à Nike by You

schéma **38**

Les critères de choix des cibles

Afin de faire son choix de cible(s), l'entreprise doit tenir compte de l'attractivité intrinsèque du segment. Elle doit également considérer les moyens qu'elle a à sa disposition pour atteindre ce groupe, tout comme la stratégie globale de l'entreprise. C'est seulement la combinaison de ces trois types de critères qui permettra à l'entreprise de faire un choix pertinent pour le produit qu'elle souhaite créer et vendre.

CRITÈRES DE CHOIX DES CIBLES

ATTRACTIVITÉ INTRINSÈQUE du segment (groupe)

- Taille du segment
- Croissance du segment
- Intensité concurrentielle
- Accessibilité du segment
- Rentabilité du segment (pouvoir d'achat)

ADÉQUATION AUX MOYENS de l'entreprise

- Moyens financiers
- Moyens technologiques
- Moyens humains et organisationnels
- Moyens informatiques

ADÉQUATION À LA STRATÉGIE de l'entreprise

- Missions
- Business model
- Stratégies concurrentielles

Quelle cible choisir pour la marque Joyce ?

EXEMPLE

L'entreprise Joyce est une marque de bijoux faits à la main utilisant des matériaux anciens. Son objectif est de favoriser la fabrication locale et le *upcycling*. L'entreprise est composée uniquement de ses deux fondatrices : Agnès, la créatrice de bijoux et Catherine, la responsable commerciale.

La création des bijoux s'effectue dans la maison de Agnès. Le budget réalisé prévoit uniquement l'achat des matériaux (1 000 €). Seuls deux à trois bijoux peuvent sortir de l'atelier chaque jour. En tenant compte des coûts (matières premières) et du travail nécessaire, Agnès et Catherine estiment que chaque bijou pourrait être vendu entre 40 € et 90 €, selon les matériaux utilisés.

Agnès et Catherine ont mené un travail de segmentation et ont identifié deux groupes de consommateurs potentiels :

- **Les jeunes filles** (entre 12 et 20 ans) valorisant le fait main et le *upcycling*, mais dont le pouvoir d'achat est relativement faible (représentant 25 % du marché des consommateurs potentiels) ;
- **Les femmes adultes et actives** valorisant également le fait main et le *upcycling* avec un pouvoir d'achat plus important (représentant 75 % du marché des consommateurs potentiels).

Quelle cible doivent choisir Agnès et Catherine pour Joyce ?

Agnès et Catherine peuvent choisir l'un ou l'autre des segments mais les implications ne seront pas les mêmes :

- Si elles choisissent le **segment des jeunes filles**, Agnès et Catherine pourront plus facilement répondre à la demande car le marché est plus petit et correspond davantage au caractère familial de leur entreprise. Toutefois, dans ce cas, les créatrices savent qu'elles devront vendre leurs bijoux aux alentours de 40 € car le pouvoir d'achat de la cible est plus faible.

- Si elles choisissent le **segment des femmes adultes et actives**, Agnès et Catherine s'assurent d'avoir une demande assez forte et de pouvoir vendre leurs produits aux alentours de 90 €. Toutefois, les créatrices rentreront peut-être dans une logique de développement de leur entreprise qu'elles ne souhaitaient pas initialement.

Chapitre 7

LE POSITIONNEMENT

Schémas

schéma 39

Les étapes de choix du positionnement d'un nouveau produit

Le choix du positionnement d'un produit ne doit pas s'appuyer uniquement sur une idée émanant de l'entreprise mais doit tenir compte également de l'environnement dans lequel le produit sera vendu. L'entreprise doit considérer ses concurrents et leur positionnement respectif dans le but de se différencier d'eux.

Étape 1

Identification des concurrents — Recherche des entreprises qui vendent des produits similaires (concurrence directe) ou des produits différents mais répondant au même besoin (concurrence indirecte)

↓

Étape 2

Définition des positionnements des concurrents — Analyse des éléments clés des propositions de valeurs de chaque entreprise concurrente et de leurs produits → Établissement d'une carte de positionnement avec l'ensemble des concurrents directs et indirects identifiés

↓

Étape 3

Choix d'un positionnement souhaitable — Choix des éléments clés de la proposition de valeur du nouveau produit, différents des positionnements des concurrents et répondant aux besoins des consommateurs

Carte de positionnement des yaourts aux fruits

EXEMPLE

Une entreprise souhaite lancer un nouveau yaourt aux fruits et veut réaliser une carte de positionnement pour définir son positionnement.

Deux critères sont utilisés :

- Axe horizontal : âge des consommateurs
- Axe vertical : consistance du produit

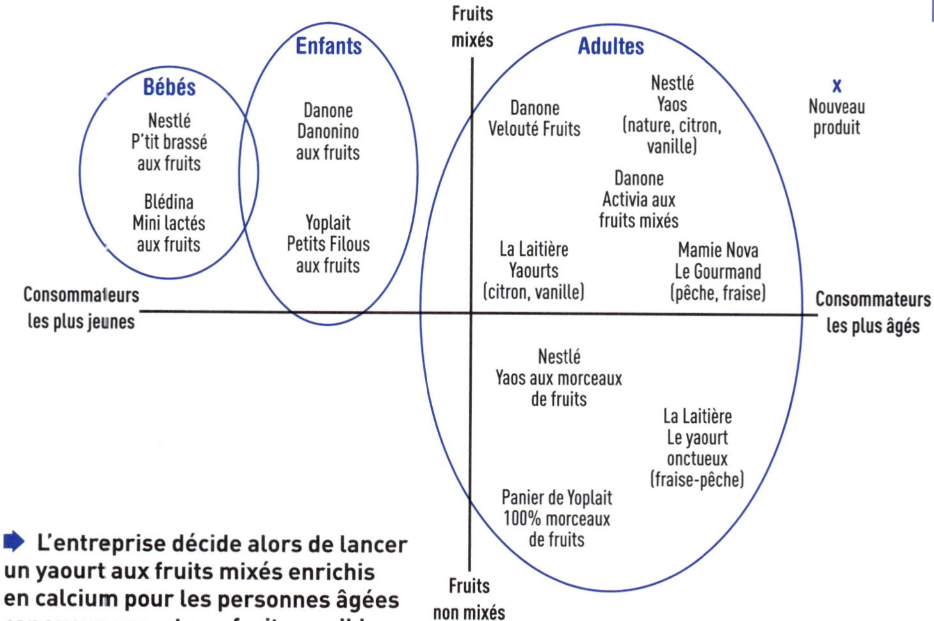

D'après la carte de positionnement, l'entreprise envisage dans un premier temps, de créer un yaourt avec un positionnement où il y a le moins de concurrence, c'est-à-dire un yaourt pour enfants avec des fruits non mixés (cadran en bas à gauche).

Toutefois, après réflexion, l'entreprise comprend que cela n'est pas un bon positionnement car il ne correspond pas aux attentes des enfants qui n'aiment pas les yaourts avec des morceaux.

➡ **L'entreprise décide alors de lancer un yaourt aux fruits mixés enrichis en calcium pour les personnes âgées car aucun yaourt aux fruits ne cible spécifiquement ces consommateurs (à la différence des yaourts nature = Câlin de Yoplait).**

Attention : tous les produits ne sont pas représentés sur cette carte de positionnement

schéma 40

Les critères d'un bon positionnement

Une fois le positionnement choisi, l'entreprise doit vérifier que celui-ci peut être un succès sur le marché. Pour cela, plusieurs critères sont utilisés : la simplicité du positionnement, sa pertinence, sa crédibilité ainsi que son caractère différenciant.

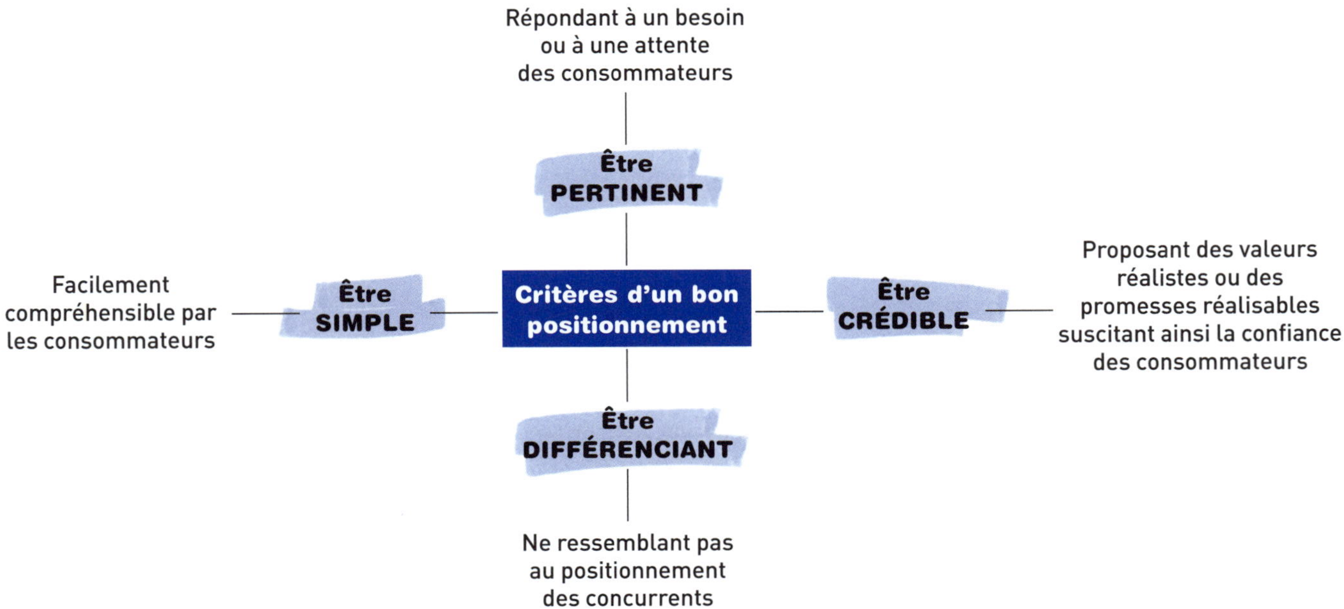

Le positionnement des marques d'eau minérale

EXEMPLE

Même sur un marché comme les eaux minérales, le choix du positionnement est essentiel. Chaque marque met en avant une proposition de valeurs différente.

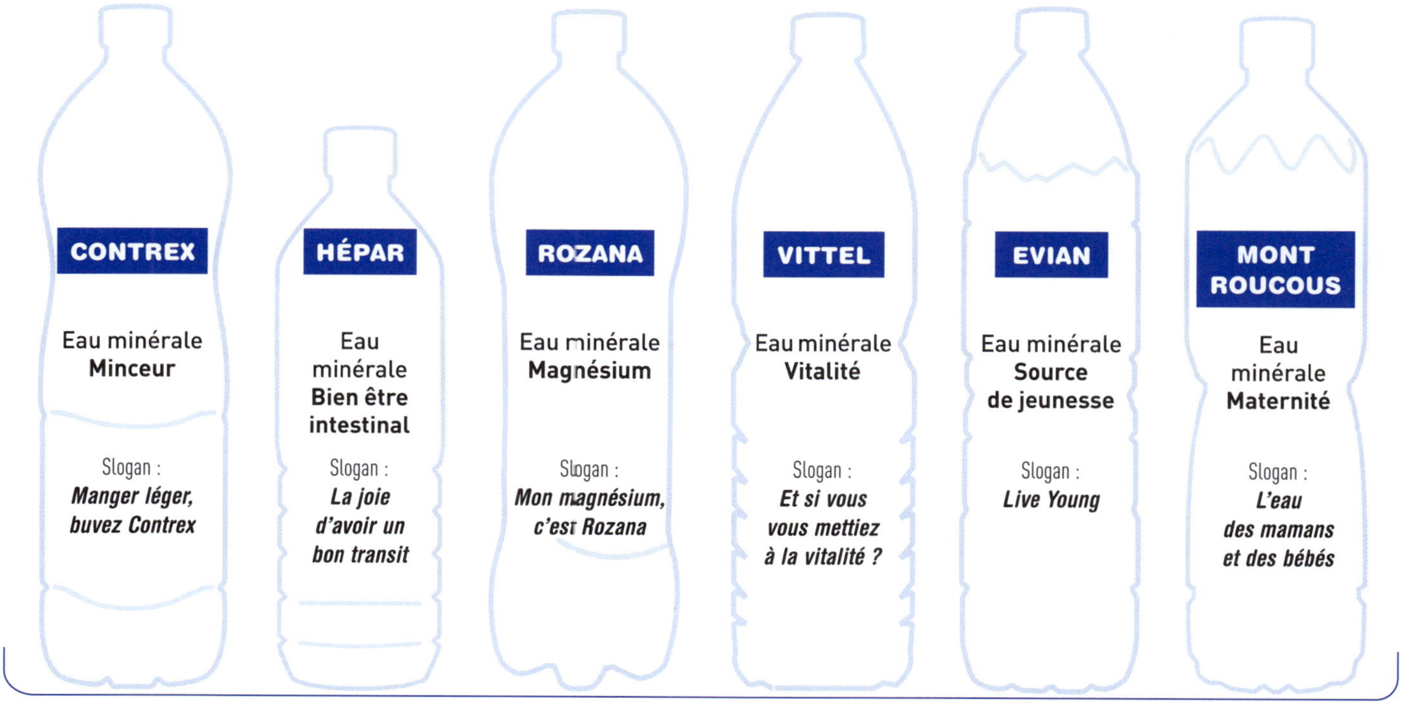

QUIZ

Partie 2

1) Le marketing stratégique correspond à :

a. l'ensemble des décisions et opérationnalisations de la stratégie d'une entreprise en s'appuyant sur les résultats d'études et d'analyses.

b. l'ensemble des orientations, choix et décisions relatives à la stratégie marketing d'une entreprise en s'appuyant sur les résultats d'études et d'analyses.

2) La segmentation est une étape du marketing stratégique qui intervient :

a. avant le ciblage.

b. après le ciblage.

3) Le positionnement correspond :

a. aux valeurs que l'entreprise souhaite associer au produit.

b. aux valeurs que les consommateurs perçoivent des produits de l'entreprise.

4) Le ciblage permet à l'entreprise :

a. de choisir un seul groupe de consommateurs.

b. de choisir un ou plusieurs groupes de consommateurs.

c. de définir tous les groupes du marché des consommateurs.

5) Lors de la définition de la stratégie marketing, il est nécessaire :

a. de communiquer très massivement sur le nouveau produit avant même son lancement.

b. de définir des objectifs chiffrés et datés, comme la prévision d'une quantité de produits vendus
lors de la première année.

Chapitre 5 : La segmentation

6) Pour vérifier que la segmentation effectuée est bonne, le critère d'homogénéité intra-segment désigne :

a. le fait d'identifier des segments de taille homogène.

b. le fait d'utiliser des critères de segmentation relativement proches.

c. le fait d'avoir des consommateurs ayant le même profil à l'intérieur de chaque segment identifié.

7) Pour vérifier que la segmentation effectuée est bonne, le critère d'hétérogénéité inter-segments désigne :

a. le fait d'identifier des segments de taille hétérogène.

b. le fait d'avoir des profils de consommateurs différents d'un segment à l'autre.

c. le fait d'avoir des profils de consommateurs différents à l'intérieur de chaque segment.

8) La marque Perfums souhaite lancer un nouveau parfum. Elle fait appel à une entreprise spécialisée en marketing pour définir la segmentation des consommateurs de parfums et ensuite faire un choix quant à la cible la plus appropriée pour son produit.
Lors de la présentation des résultats de l'entreprise, les dirigeants de la marque Perfums sont très en colère car l'étude n'est pas complète :

a. l'entreprise n'a identifié que trois groupes de consommateurs et Perfums trouve cela est trop peu pour prendre une décision.

b. l'entreprise n'a pas précisé la taille de chaque groupe.

c. l'entreprise propose une segmentation qui s'appuie uniquement sur deux critères de segmentation.

Chapitre 6 : Le ciblage

9) La marque Alma de Comporta crée des parfums unisexes pour les adultes. Si on considère les critères du sexe et de l'âge, quelle est sa stratégie de ciblage ?

a. Le marketing global. **b.** Le marketing ciblé.

c. Le marketing différencié.

10) La marque CEWE propose des albums photos ou objets personnalisés. Quelle est sa stratégie de ciblage ?

a. Le micro-marketing. **b.** Le marketing ciblé.

c. Le marketing différencié.

11) Quelle est la stratégie de ciblage de la marque de luxe Dior ?

a. Le marketing global. **b.** Le marketing ciblé.

c. Le marketing différencié.

12) Pour faire le choix d'une cible de consommateurs, l'entreprise doit vérifier que :

a. la taille de la cible est suffisamment grande pour vendre un maximum de produits.

b. la taille de la cible est suffisante pour espérer générer des profits et correspond également aux capacités financières et de production de l'entreprise.

13) Vérifier l'intensité concurrentielle correspond au fait :

a. d'analyser s'il existe déjà des produits sur le marché répondant aux attentes du groupe de consommateurs ciblés.

b. d'analyser si d'autres groupes de consommateurs sont concurrents à celui que l'entreprise souhaite choisir comme cible.

14) Le choix d'un groupe de consommateurs dépend de la cohérence entre le profil du groupe et les missions globales de l'entreprise :

a. vrai. **b.** faux.

Chapitre 7 : Le positionnement

Les questions 15 à 17 concernent la marque Respire

La marque Respire propose depuis 2018 des produits d'hygiène-beauté naturels, faits en France, vegan et écoresponsables. Respire prône :

• la transparence • la co-création des produits • l'efficacité

15) La marque Respire a un positionnement :

a. simple car elle met particulièrement en avant des valeurs cohérentes et compréhensibles pour les consommateurs.

b. complexe car elle met en avant de nombreux types de valeurs qui n'ont rien à voir ensemble.

16) La marque Respire a un positionnement :

a. pertinent car il répond à une demande des consommateurs de plus en plus forte.

b. non pertinent car il ne répond pas à un besoin particulier des consommateurs.

17) La marque Respire a un positionnement :

a. de plus en plus distinct car très peu d'entreprises lancent des produits avec les mêmes valeurs.

b. de moins en moins distinct car de plus en plus d'entreprises se lancent sur des produits d'hygiène écoresponsables.

POUR ALLER PLUS LOIN, scannez le QR code pour accéder à plus de QCM !

www.lienmini.fr/413632-03

Réponses : 1/b ; 2/a ; 3/a ; 4/b ; 5/b ; 6/c ; 7/b ; 8/b ; 9/b ; 10/a ; 11/c ; 12/b ; 13/a ; 14/a ; 15/a ; 16/a ; 17/b

LEXIQUE Partie 2

Carte de positionnement (appelé également carte perceptuelle ou mapping) : Représentation graphique qui est utilisée pour cartographier visuellement le positionnement des entreprises présentes sur un marché.

Ciblage : Choix stratégique consistant à déterminer le ou les segments de consommateurs que l'on cherche à influencer, conquérir ou fidéliser par sa politique et ses actions marketing.

Cible marketing : Ensemble de personnes sur lequel l'entreprise va focaliser son attention pour la création et le lancement du nouveau produit.

Critère de segmentation : Indicateurs qui permettent de découper une population en groupes ou segments homogènes.

Concurrence : Situation de marché dans laquelle des entreprises ou organisations proposent des offres substituables en cherchant à être préférées par les clients.

Concurrence directe : Constituée de l'ensemble des entreprises proposant un produit similaire.

Concurrence indirecte : Constituée des entreprises proposant un produit différent mais répondant au même besoin.

Marketing ciblé/concentré/de niche : Stratégie marketing de ciblage unique qui se concentre sur un groupe (segment) de personnes identifié comme le segment cible.

Marketing différencié : Stratégie marketing de ciblage qui se décline en autant de politiques que de groupes (segments) de consommateurs identifiés comme des segments cibles.

Marketing global / indifférencié / de masse : Stratégie marketing de ciblage qui s'adresse à l'ensemble des consommateurs, sans différenciation, en utilisant une approche unique.

Marketing personnalisé/micro-marketing : Stratégie marketing développée pour chaque consommateur (par opposition à une stratégie développée pour un segment de marché).

Marketing stratégique : Ensemble des orientations, choix et décisions relatifs à la stratégie marketing d'une entreprise en s'appuyant sur les résultats d'études et d'analyses. Il comprend trois concepts principaux : la segmentation, le ciblage et le positionnement. Les objectifs y sont chiffrés et datés.

Positionnement : Choix stratégique des éléments clés d'une proposition de valeurs, qui permet à l'entreprise de donner à son offre une position crédible, attractive et différente sur son marché et dans l'esprit des clients.

Segmentation : Découpage du marché qui consiste à identifier des groupes (segments) de consommateurs qui ont des besoins, des attentes ou des motivations différents.

Stratégie de ciblage : Stratégie qui consiste à sélectionner un groupe (segment) de consommateurs, sur lequel concentrer les efforts de marketing.

Upcycling : Pratique consistant à réutiliser un produit en fin de vie et à le transformer en un produit de qualité ou d'utilité supérieure, en le détournant de son usage initial.

Partie 3

LE MARKETING OPÉRATIONNEL

Le marketing opérationnel (appelé également marketing mix) correspond à la troisième étape de la démarche marketing. Après avoir défini la stratégie marketing au travers du ciblage et du positionnement, l'entreprise doit mettre en œuvre ses décisions et choix. Elle va notamment déterminer les éléments relatifs au produit (*product*), au prix (*price*), à la distribution (*place*) et à la communication (*promotion*), faisant référence aux 4P. L'objectif est d'opérationnaliser de façon cohérente la stratégie définie en amont pour satisfaire le client, le fidéliser et par conséquent, générer du chiffre d'affaires pour l'entreprise.

Chapitres

schéma 41

Les quatre composantes du marketing opérationnel

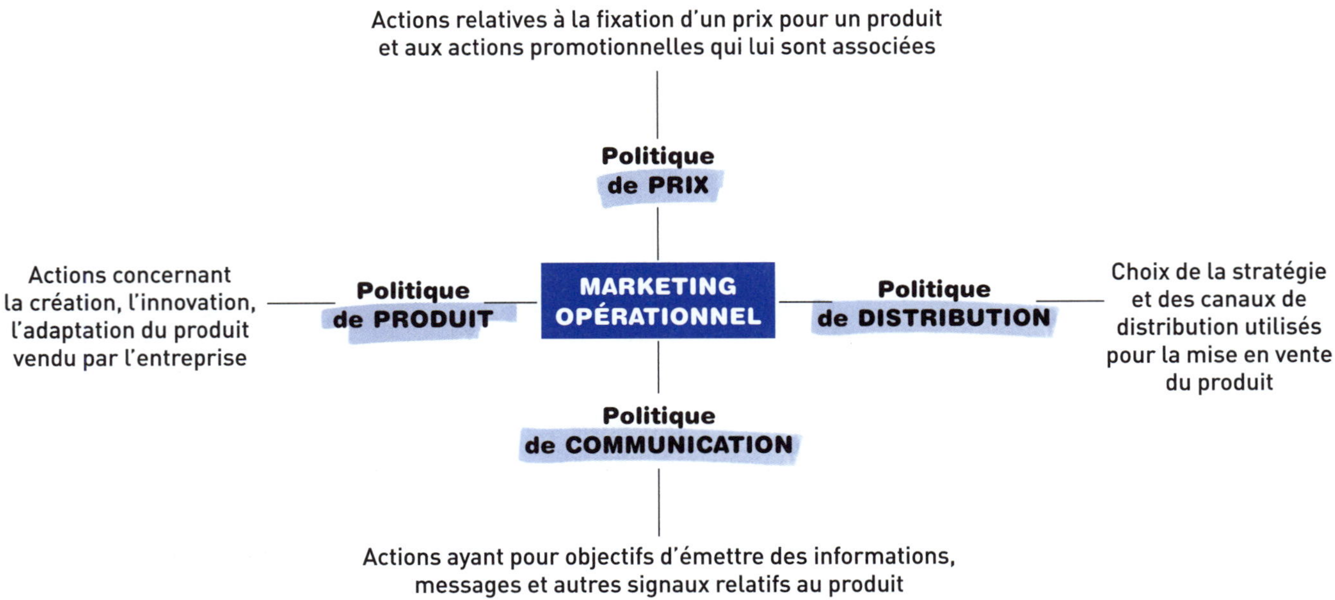

Chapitre 8

LA POLITIQUE DE PRODUIT

Schémas

schéma 42 L'offre produit et ses trois niveaux

Le produit est considéré en marketing comme toute entité offerte (mais non gratuite) par une entreprise pour satisfaire les besoins et les attentes des consommateurs. Il doit être conçu en considérant trois niveaux, allant du plus concret (produit central) au plus abstrait (produit global).

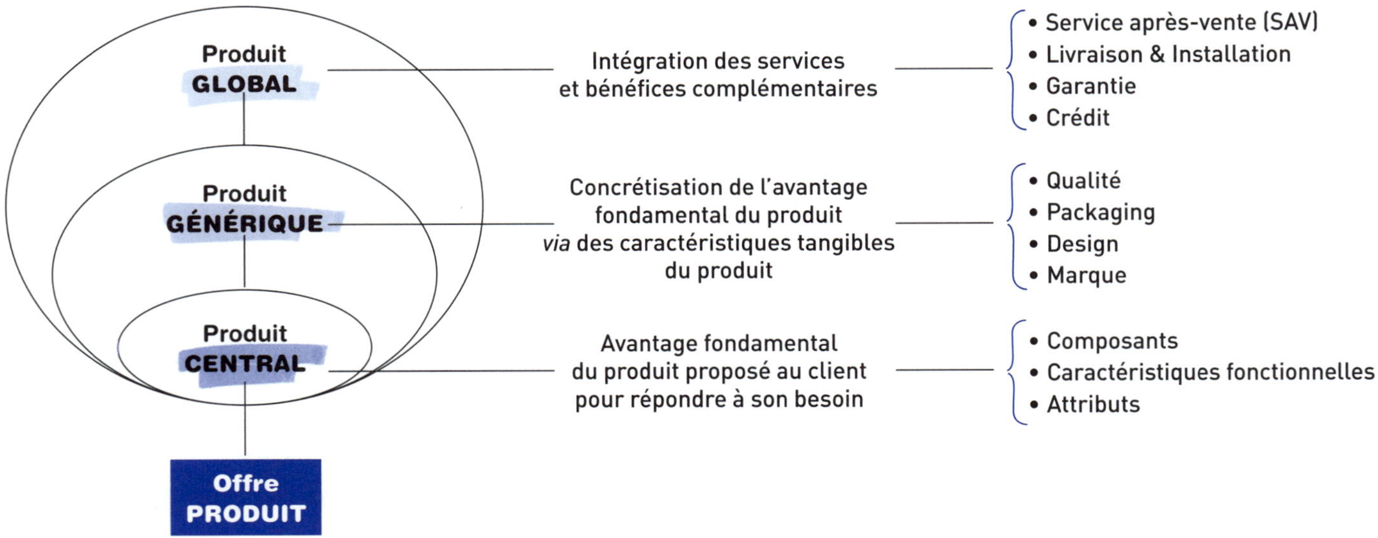

Les trois niveaux d'une crème solaire

EXEMPLE

Une entreprise souhaite lancer une crème de protection solaire pour la peau des enfants.

Pour développer son produit, elle doit définir quels seront les éléments de son offre commerciale sur les trois niveaux du produit. Le manager décide de lister les différentes options sur le schéma ci-dessous :

Produit GLOBAL	Service client (conseil)	aucun, téléphone, Internet ou réseaux sociaux
Produit GÉNÉRIQUE	Taille du produit	50 ml, 100 ml ou 200 ml
	Forme du produit	tube, flacon ou pistolet
	Couleur du packaging	transparent, bleu, blanc ou autre
	Dessin enfantin sur le packaging	absence ou présence
Produit CENTRAL	Indice de protection (SPF)	15, 30 ou 50
	Texture	crème, lait, gel ou huile

➡ **En considérant le positionnement et la cible du produit préalablement définis dans le marketing stratégique, le manager choisira parmi les différentes options déterminées, celles qui lui semblent les plus cohérentes et pertinentes.**

schéma **43**

La valeur perçue d'un produit

Lorsqu'une entreprise crée un produit, elle doit réfléchir non seulement aux différents éléments qui le constituent (avec les trois niveaux du produit) mais aussi à la valeur que le consommateur pourrait lui attribuer en conséquence. Il existe trois types de valeur perçue par le consommateur que l'entreprise peut essayer d'anticiper dans la construction de son offre produit : la valeur d'usage, la valeur hédonique et la valeur de signe.

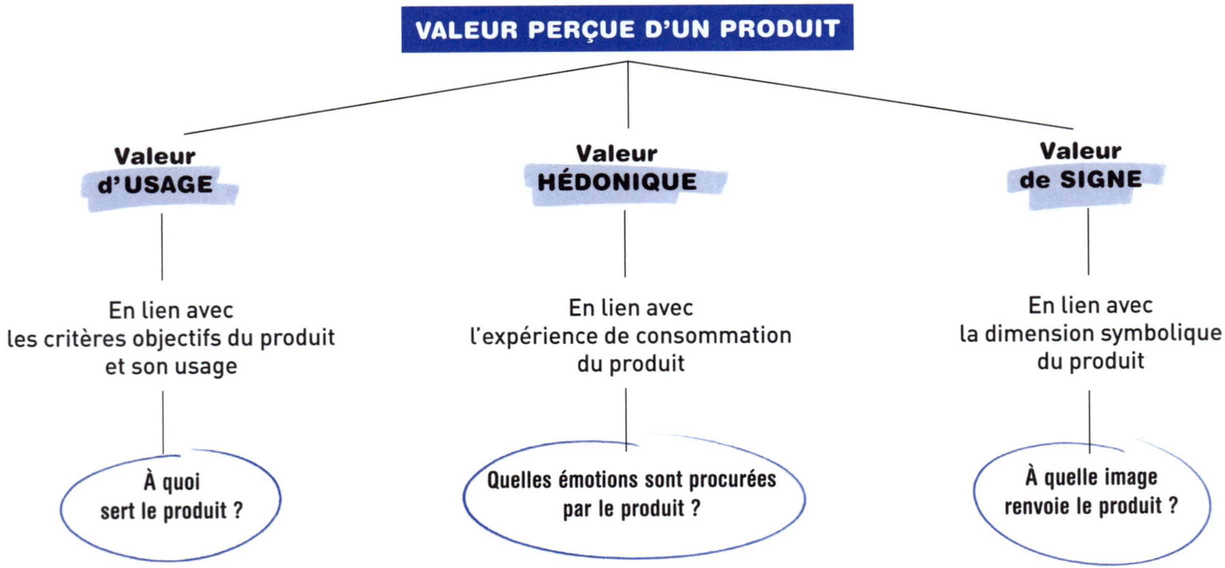

La valeur perçue potentielle d'un sac Louis Vuitton

EXEMPLE

Le sac Neverfull de la marque Louis Vuitton peut refléter différents types de valeurs pour les consommateurs.

Les consommateurs, selon leurs caractéristiques individuelles pourront lui attribuer différents atouts qu'ils mettront en avant, par exemple, lors de leurs processus de décision d'achat :

Valeur d'USAGE

- Cabas pratique, porté épaule
- Résistant avec sa toile enduite

Valeur HÉDONIQUE

Plaisir lié à l'aspect esthétique du sac et à l'histoire de la maison Louis Vuitton créée il y a plus de 150 ans

Valeur de SIGNE

Sac représentant un statut social élevé lié à la marque de luxe Louis Vuitton facilement reconnaissable grâce au monogramme

schéma 44

Les principales décisions à prendre lors de la création d'un produit

Pour créer un produit qui aura potentiellement de la valeur pour le consommateur, l'entreprise doit prendre un certain nombre de décisions concernant ses attributs intrinsèques, son packaging, ainsi que les services à y associer. Les choix effectués par l'entreprise sur chacun de ces éléments doivent être cohérents avec la stratégie marketing définie en amont et doivent permettre de différencier le produit de ses concurrents.

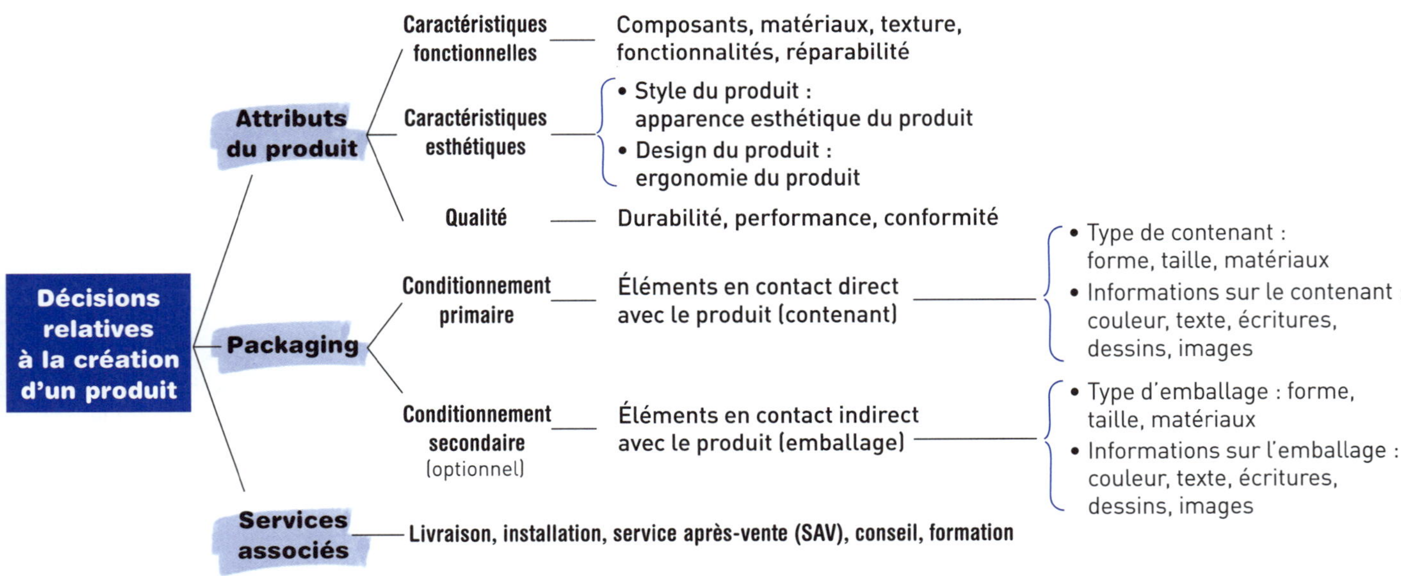

Décisions distinctes prises par Chanel et Dior pour leurs crèmes anti-âge

EXEMPLE

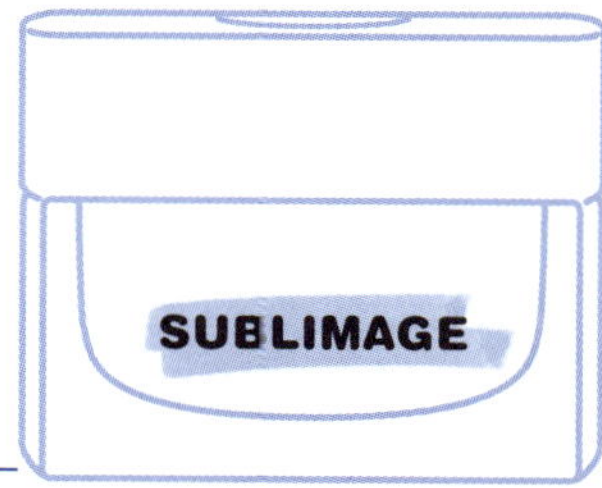

	La crème CHANEL	La crème DIOR
Attributs du produit	• Ingrédient mis en avant : vanilla planifolia • Crème de couleur beige, doré	• Ingrédient mis en avant : rose de Granville • Crème de couleur blanc, nacré
Packaging (conditionnement primaire)	• Noir & doré • Formes principalement rectilignes • Pot rechargeable	• Blanc & doré • Formes principalement arrondies • Pot non rechargeable
Services associés	• Skincare Explorer (navigateur pour faciliter la recherche de produits les plus adaptés) • Possibilité de contacter un conseiller (par email ou téléphone)	• Service de gravure pour personnaliser les produits • Possibilité de contacter un conseiller (par email ou téléphone)

schéma 45 La composition d'un portefeuille de produits

La plupart des entreprises ne vend pas qu'un seul produit mais plusieurs. Ces produits se structurent en gammes et en lignes. Une gamme de produits correspond à l'ensemble de produits appartenant à la même catégorie. Une ligne de produits désigne tous les produits (ou références) de même nature, répondant au même usage, mais d'une manière différente.

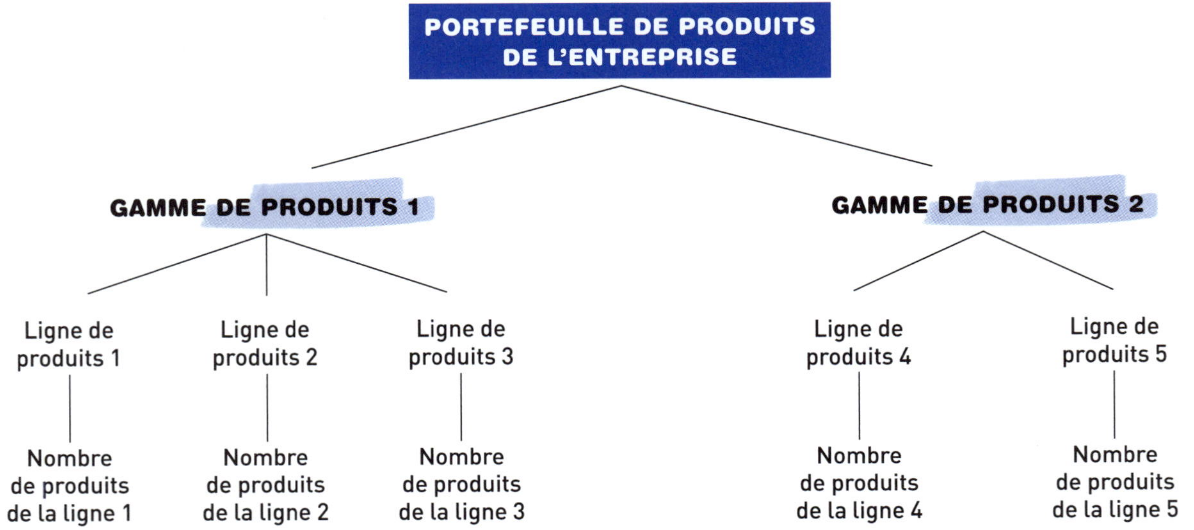

Le portefeuille de produits de la marque Milka

EXEMPLE

La marque Milka possède cinq gammes de produits qu'elle décline en plusieurs lignes, elles-mêmes composées de plusieurs produits (ou références) :

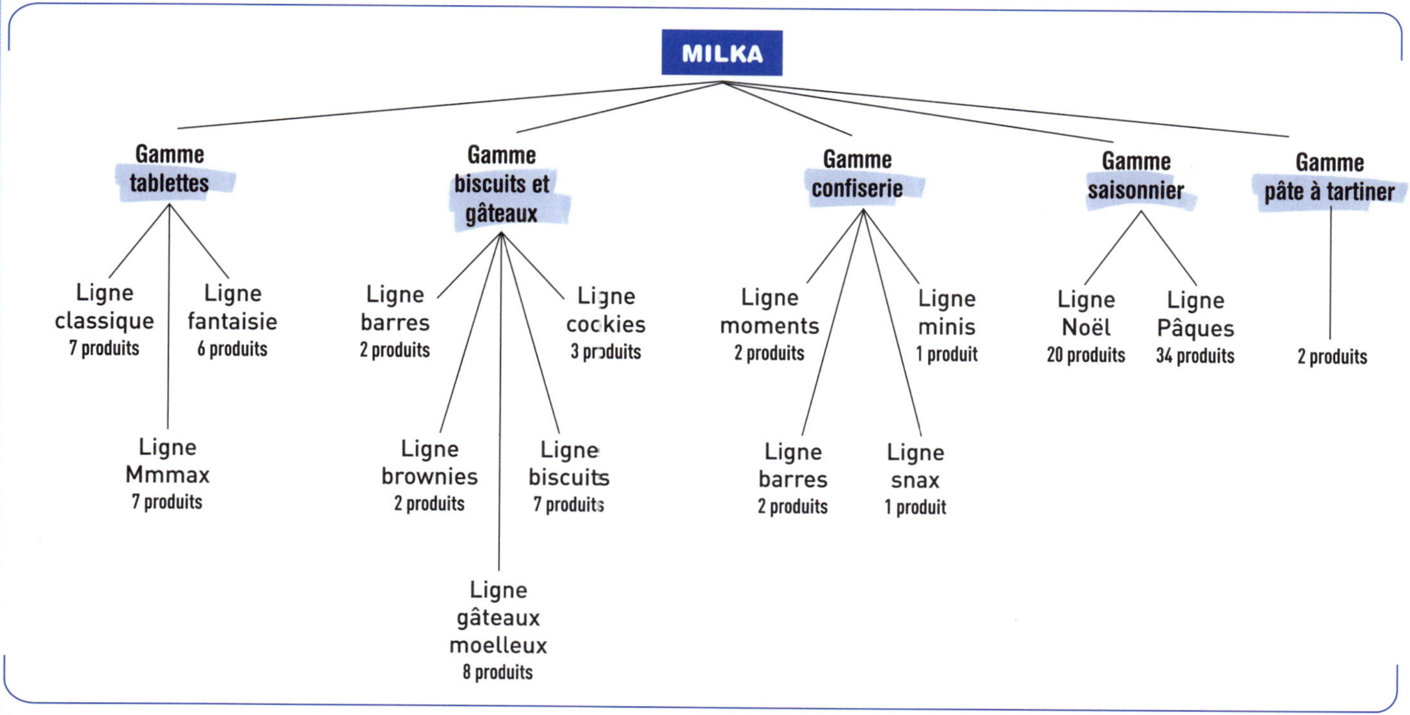

schéma 46 Les caractéristiques d'une gamme de produits

Pour analyser une gamme de produits (c'est-à-dire l'ensemble des produits d'une entreprise appartenant à la même catégorie), on utilise plusieurs critères : la largeur de gamme, la profondeur de gamme et la longueur de gamme.

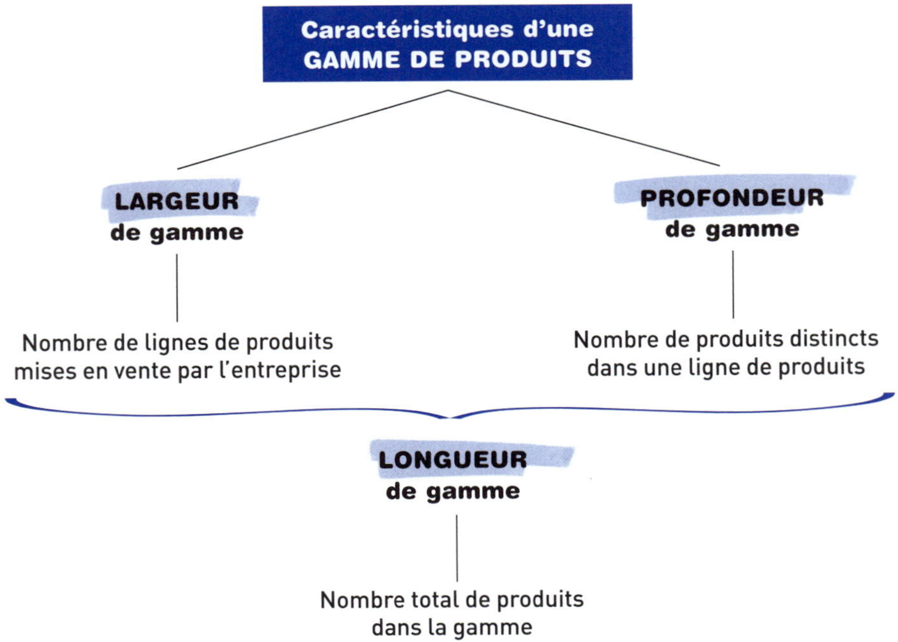

Analyse de la gamme tablettes de la marque Milka

EXEMPLE

Voici comment la gamme tablettes de Milka pourrait être analysée :

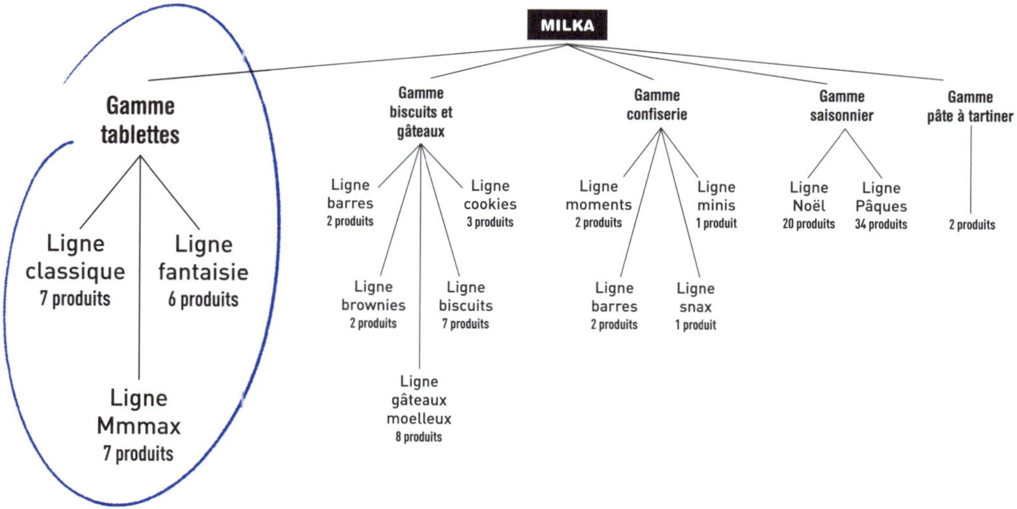

LARGEUR

Composée de trois lignes de produit :

- Ligne classique
- Ligne mmmax
- Ligne fantaisie

PROFONDEUR

- Profondeur de la ligne classique → 7 produits
- Profondeur de la ligne mmmax → 7 produits
- Profondeur de ligne fantaisie → 6 produits

LONGUEUR

Composée de 20 produits :

7 produits classiques
\+ 7 produits mmmax
\+ 6 produits fantaisie

schéma 47 Les deux principales stratégies d'innovation d'un produit

Deux grandes sources d'innovation d'un produit peuvent être utilisées en marketing.

• La stratégie *technology push* s'appuie sur la recherche & développement sans prendre en compte les besoins des consommateurs. Les produits issus de cette stratégie sont très innovants mais le risque d'échec est élevé.

• La stratégie *market pull* s'appuie sur les besoins des consommateurs avant de travailler sur les innovations *via* la recherche & développement. Les produits issus de cette stratégie sont moins innovants mais le risque d'échec est faible.

Pour tirer profit des avantages de ces stratégies sans en subir les risques, de plus en plus d'entreprises pratiquent le *push & pull*, mixant les deux approches.

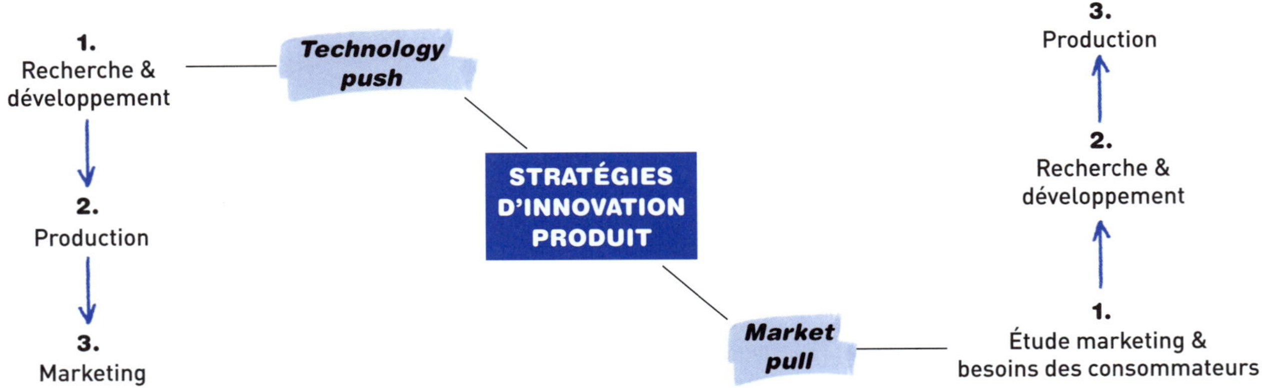

La co-création, une source d'innovation gagnant-gagnant

EXEMPLE

La co-création ou *crowdsourcing* est une source d'innovation, qui se situe en dehors des stratégies *technology push* et *market pull*. Elle consiste à replacer le client au centre du processus de création de valeur en partant du principe qu'un client impliqué dans la conception d'un produit serait plus enclin à l'acheter.

L'intervention du client lors de la création d'un produit peut avoir lieu à différents moments clés du processus : en amont dans la phase de génération d'idées, au moment de la conception du produit, en phase de test pour ajuster les hypothèses, ou encore après sa commercialisation via l'envoi de questionnaires clients.

C'est le cas du site Lego Ideas qui permet de partager ses créations et sa créativité, de participer à des concours, de présenter ses propositions de nouveaux ensembles et enfin de voter pour des modèles imaginés par d'autres.

« It's your time to shine ! »
- C'est à vous de briller !

« Now it's your chance to unleash your creativity and show that you are a true master builder »
- C'est maintenant l'occasion de libérer votre créativité et de montrer que vous êtes un véritable maître d'œuvre

« Become a Lego fan designer »
- Devenez un designer fan de Lego

Extraits du site Lego Ideas

schéma 48

Le cycle de vie du produit

La plupart des produits créés par les entreprises suivent un cycle de vie en cinq étapes : le développement, le lancement, la croissance, la maturité et le déclin. À chacune de ces étapes, les niveaux de coûts de l'entreprise (production, commercialisation, marketing…) et de ventes des produits évoluent. Identifier à quelle étape du cycle se trouve le produit permet à l'entreprise de prendre les mesures appropriées.

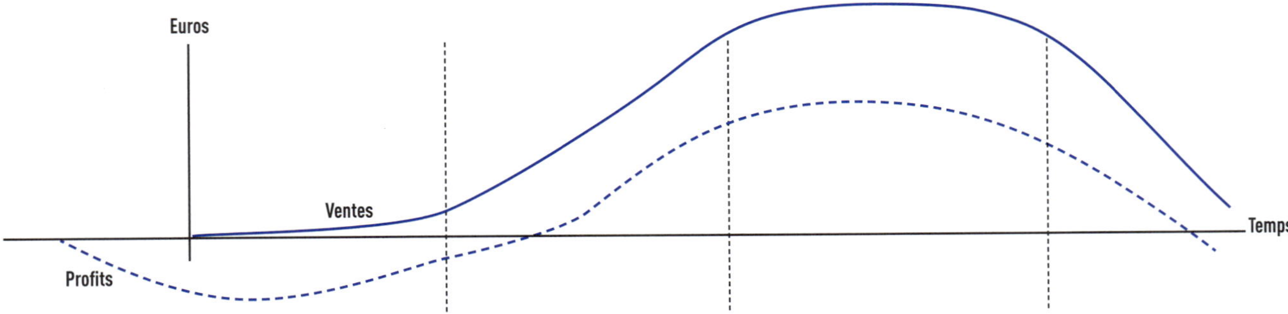

Développement
- Coûts élevés pour l'entreprise
- Aucune vente

Pertes pour l'entreprise

Lancement
- Coûts élevés pour l'entreprise
- Ventes faibles

Pertes pour l'entreprise

Croissance
- Coûts pour l'entreprise en baisse
- Progression rapide des ventes

Profits faibles pour l'entreprise mais en hausse

Maturité
- Coûts faibles pour l'entreprise
- Ventes très élevées et stables

Profits élevés pour l'entreprise

Déclin
- Coûts faibles pour l'entreprise
- Ventes en baisses

Profits en baisse pour l'entreprise

Des produits aux cycles de vie atypiques

EXEMPLE

Les ÉCHECS

En 2007, Danone lance un nouveau yaourt présenté comme « bon pour la peau ». Très rapidement après la phase de lancement dans le cycle de vie du produit, la marque arrête la production car les ventes ne décollent pas. La raison : une promesse peu crédible et des résultats inexistants sur la peau.

Les NOUVEAUX DÉPARTS

Le disque vinyle connaît sa phase de lancement et de croissance entre les années 1940 et 1980. Puis il connaît un déclin entre les années 1980 et 2000. Le vinyle connaît un redémarrage de sa croissance à partir des années 2000. Il redevient un objet tendance pour la musique.

Les produits de LUXE

Certains produits de luxe ne connaissent pas de phase de déclin et restent dans une croissance constante. Les ventes et les bénéfices progressent régulièrement comme pour les sacs iconiques de la maison Chanel.

Chapitre 9

LA POLITIQUE DE PRIX

Schémas

schéma 49 Les différents objectifs en lien avec la fixation du prix

La fixation du prix est une composante fondamentale dans le marketing opérationnel. Le prix impacte non seulement le succès ou l'échec d'un produit sur le marché, mais il détermine aussi sa rentabilité et impacte le bilan de l'entreprise. Les objectifs sont donc multiples.

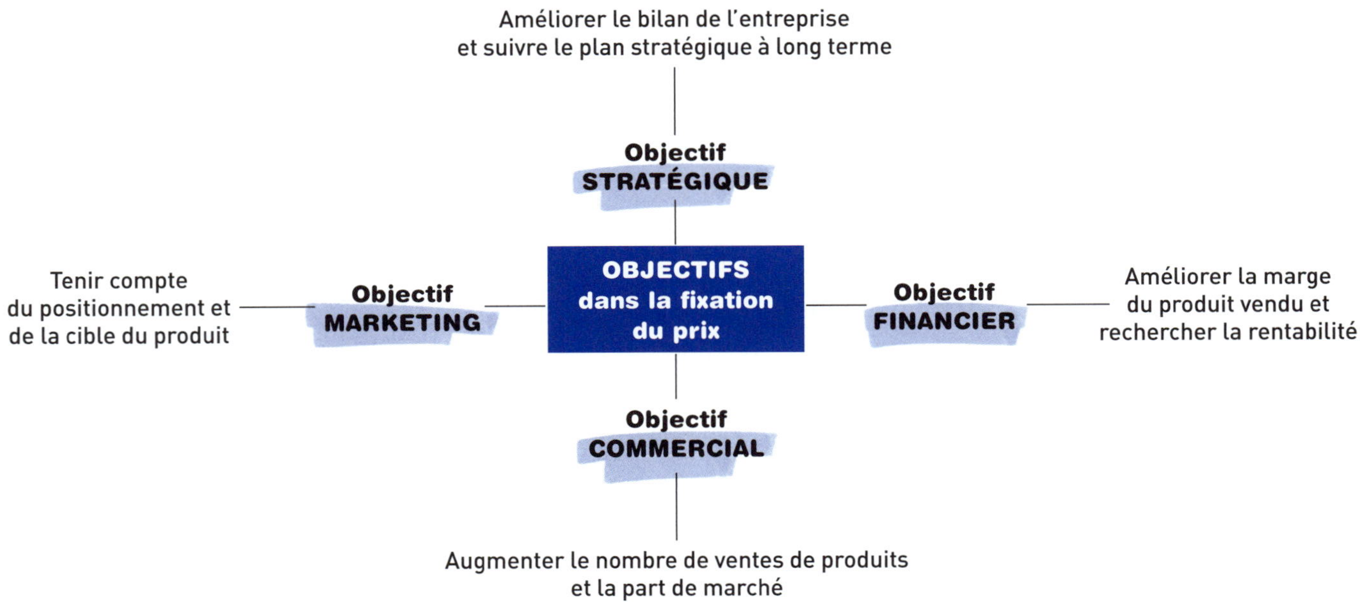

Lidl, une marque centrée sur la politique de prix

EXEMPLE

Lidl est une entreprise de distribution allemande fondée en 1930 par Josef Schwarz. En 2021, le groupe était présent à travers 26 pays en Europe avec 11 463 magasins dont 3 277 en Allemagne. En France, l'enseigne, dont le siège social est à Rungis, comptait 1 628 magasins en 2021 et 45 000 salariés.

Le groupe Lidl base l'ensemble de sa stratégie sur les prix bas afin d'attirer les clients et les fidéliser.

Les prix des produits Lidl, significativement inférieurs à ceux des concurrents, sont bien évidemment essentiels pour l'enseigne mais cela n'est pas suffisant pour expliquer leur succès.

Lidl ne propose pas n'importe quels produits. Il s'agit souvent de produits de grande qualité ou avec des fonctionnalités imitant celles des plus grandes marques. Le secret de Lidl : référencer en exclusivité des marques peu connues, comme Silvercrest pour le petit électroménager.

Le rapport qualité prix est central pour Lidl comme en atteste son slogan :

**LIDL,
LE VRAI PRIX
DES BONNES
CHOSES**

schéma 50

Les trois composantes de la fixation des prix

La fixation du prix d'un produit est complexe. Elle doit tenir compte de différents éléments : des coûts pour fabriquer et commercialiser le produit, des consommateurs et du prix qu'ils considèrent comme acceptable et enfin des entreprises concurrentes et des prix qu'ils pratiquent.

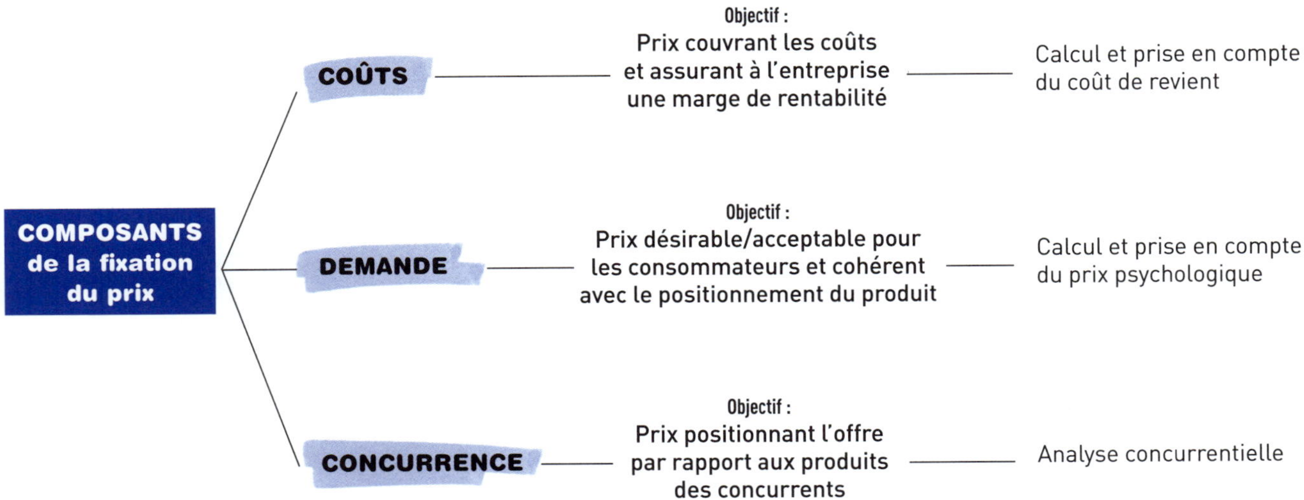

Prise en compte des coûts, de la demande et de la concurrence pour fixer le prix d'un vélo électrique

EXEMPLE

Une entreprise souhaite commercialiser un nouveau vélo électrique ultra-léger. Elle doit déterminer son prix de vente et, pour cela, elle a mené simultanément trois études qui lui ont permis de définir :

- Le prix de vente basé sur les coûts
- Le prix de vente basé sur la demande
- Le prix de vente de son concurrent unique.

Prix basé sur les coûts	Prix basé sur la demande	Prix du produit concurrent
706,20 €	**770 €**	**749 €**

Selon ces informations, l'entreprise pense que son vélo électrique doit être vendu plus cher que son concurrent (car elle le considère comme plus performant). Elle souhaite donc que le prix de son vélo électrique ultra-léger soit supérieur à 749 €.

Le prix basé sur la demande, c'est-à-dire le prix considéré comme le plus acceptable par les consommateurs, est de 770 €.

Il est bien supérieur au prix du produit concurrent, ce qui est cohérent avec son positionnement plus haut de gamme.

Il est également supérieur au prix basé sur les coûts (706,20 €), ce qui lui assure une marque commerciale intéressante.

➡ **L'entreprise décide alors de suivre les perceptions des consommateurs et de mettre en vente son vélo électrique ultra-léger au prix de 770 €.**

schéma **51**

Le prix basé sur les coûts

Lorsque le prix est fixé à partir des coûts, il est nécessaire de calculer dans un premier temps le coût de revient, c'est-à-dire l'ensemble des coûts nécessaires pour fabriquer et commercialiser une unité de produit. Ce coût de revient correspond au prix plancher, c'est-à-dire au prix minimum hors taxe (HT) auquel l'entreprise pourra vendre le produit sans perdre de l'argent. Si l'entreprise souhaite dégager un bénéfice sur la vente du produit, elle doit rajouter une marge commerciale. Les taxes (TVA) doivent également être incluses pour obtenir le prix de vente toutes taxes comprises (PVTTC).

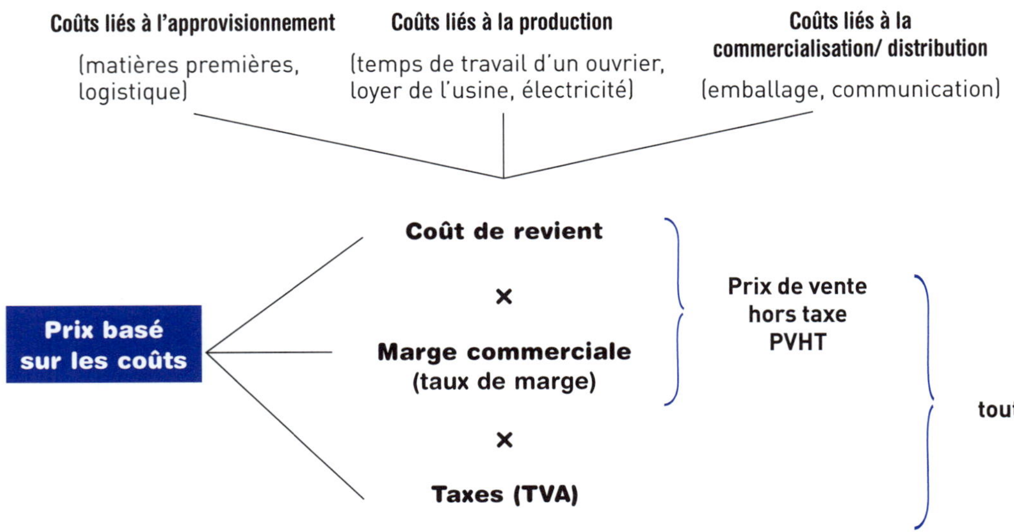

Fixation du prix d'un vélo électrique ultra-léger basé sur les coûts

EXEMPLE

Une entreprise a pour projet de fabriquer et de mettre en vente un nouveau vélo électrique ultra-léger. Dans son plan marketing, elle doit, entre autres, définir son prix de vente. Pour cela, dans un premier temps, l'entreprise souhaite se baser sur ses coûts.

L'entreprise a donc effectué une estimation de ses dépenses en termes d'approvisionnement en matières premières, de fabrication et de commercialisation du produit. Pour chaque vélo, l'entreprise doit dépenser 535 €.

Souhaitant se développer, l'entreprise décide d'appliquer une marge de 10 %.

En tenant compte de ces éléments, l'entreprise peut calculer le prix de vente basé sur les coûts.

Coûts 535 € | **Marge commerciale** 10 % | **TVA** 20 %

Prix de revient

535 € × 1,10

Prix de vente hors taxes (PVHT)

588 € × 1,20

Prix de vente toutes taxes comprises (PVTTC)

706,20 €

schéma 52

Le prix basé sur la demande *via* le prix psychologique

Le prix basé sur la demande correspond au prix perçu comme acceptable par la plus grande proportion de consommateurs interrogés et appartenant à la cible. La définition du prix basé sur la demande s'appuie sur le calcul du prix psychologique.

Prix basé sur la demande

Éléments préalables au calcul du prix du produit
- Choix d'un échantillon de consommateurs représentatifs de la cible du produit
- Définition d'une grille de prix potentiels du produit

Questions à poser à chaque consommateur
- Prix : **Question 1 (Q1)** : Au-dessus de quel prix jugez-vous ce produit trop cher ?
- Qualité : **Question 2 (Q2)** : En dessous de quel prix jugez-vous ce produit de mauvaise qualité ?

Tableau à compléter

Prix proposés	Nombre de personnes ayant répondu à Q1	% de personnes ayant répondu à Q1	% cumulé de la Q1 **C1**	Nombre de personnes ayant répondu à Q2	% de personnes ayant répondu à Q2	% cumulé inversé de la Q2 **C2**	% de personnes pour lesquelles le prix est acceptable (100 – C1 – C2)
Prix 1							
Prix 2							
Prix 3							
...							
Prix n							

Choix du prix avec le % le plus important de personnes pour lequel le prix est acceptable

Fixation du prix d'un vélo électrique ultra-léger basé sur la demande EXEMPLE

Une entreprise a pour projet de fabriquer et de mettre en vente un nouveau vélo électrique ultra-léger. Pour fixer son prix, elle doit définir, entre autres, le prix psychologique.

L'entreprise a sélectionné un échantillon de 350 personnes correspondant à la cible et, sur la base d'une grille de prix potentiels allant de 750 € à 800 €, elle leur a posé les deux questions suivantes :

- **Question 1 (Q1)** : Au-dessus de quel prix jugez-vous ce produit trop cher ?
- **Question 2 (Q2)** : En dessous de quel prix jugez-vous ce produit de mauvaise qualité ?

Les réponses des 350 personnes aux questions Q1 et Q2 sont respectivement inscrites dans les colonnes B et E.
Les autres colonnes sont ensuite calculées comme indiqué dans le tableau.

Pour trouver le prix psychologique, on regarde le % le plus élevé de la colonne H.

Ici il s'agit de 29 %, correspondant à un prix de 770 €.

	A	B	C	D	E	F	G	H
	Prix proposés	Nombre de personnes ayant répondu à Q1	% de personnes ayant répondu à Q1	% cumulé de la Q1 C1	Nombre de personnes ayant répondu à Q2	% de personnes ayant répondu à Q2	% cumulé inversé de la Q2 C2	% de personnes pour lesquelles le prix est acceptable (100 – C1 – C2)
1	750 €	14	4 (14/350=0,04 = 4%)	4	121	35 (121/350=0,35 = 35%)	100	–4 (100–4–100 = –4)
2	760 €	38	11 (38/350=0,11 = 11%)	15 (4+11=15)	82	23 (82/350=0,23 = 23%)	65 (100–35 = 65)	20 (100–15–65 = 20)
3	770 €	49	14	29 (15+14=29)	65	19	42 (65–23 = 42)	29 (100–29–42 = 29)
4	780 €	79	22	51	36	10	23	26
5	790 €	70	20	71	38	11	13	16
6	800 €	100	29	100	8	2	2	-2

schéma 53 Le prix basé sur la concurrence

Le prix basé sur la concurrence permet de positionner le produit de l'entreprise par rapport aux produits des concurrents en fonction des caractéristiques des produits et de l'objectif de l'entreprise. Trois principales stratégies existent : la politique d'écrémage, la politique de pénétration et la politique d'alignement.

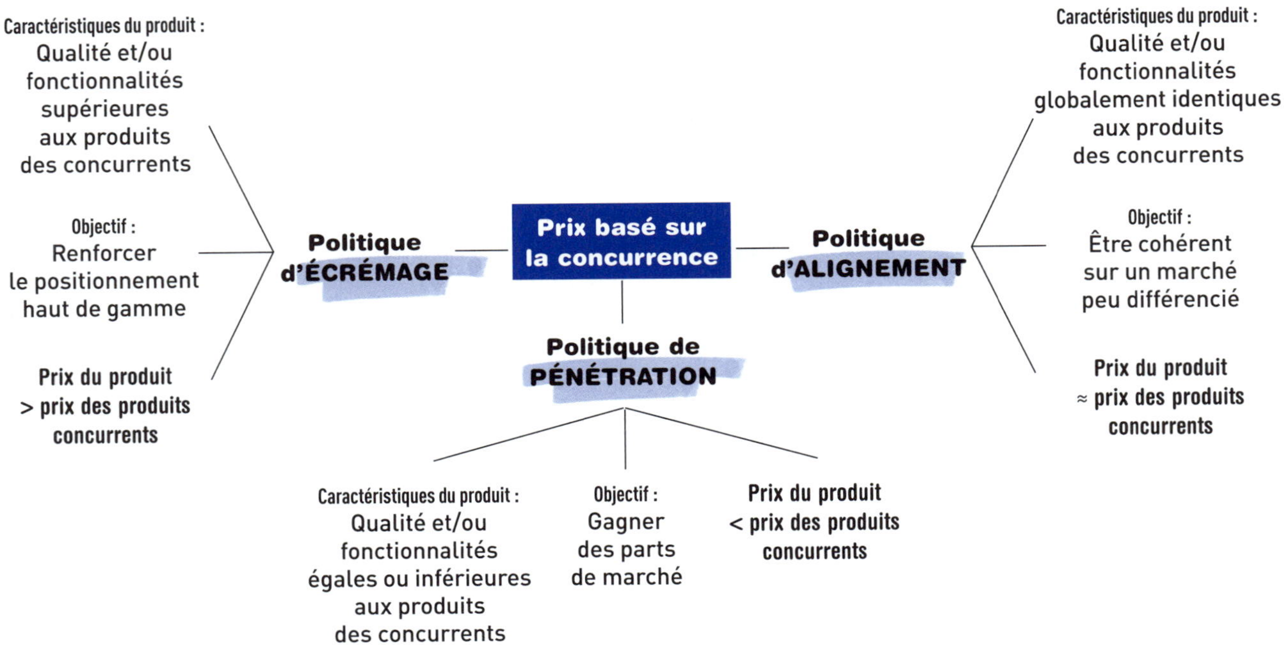

Positionnement du prix d'un vélo électrique ultra-léger par rapport à son concurrent

EXEMPLE

Une entreprise souhaite commercialiser un nouveau vélo électrique ultra-léger.

Dans son processus de fixation du prix, le chef de produit a fait une étude de la concurrence et a identifié une seule entreprise avec un produit pouvant répondre aux mêmes besoins des consommateurs.

Pour positionner son prix par rapport au produit de cet unique concurrent, le chef de produit a dressé un tableau comparatif des caractéristiques des produits.

Caractéristiques	Vélo électrique ultra-léger	Vélo concurrent
Poids du cadre	21 kg	24 kg
Poids de la batterie	1,8 kg	2,65 kg
Autonomie (parcours plat – personne de 70 kg)	Entre 20 (mode sport) et 60 km (mode Eco)	Entre 20 (mode sport) et 50 km (mode Eco)
Prix	?	749 €

➡ **Le chef de produit constate que le produit de son entreprise semble être de meilleure qualité que celui de son concurrent. Il propose alors au responsable marketing de fixer un prix bien supérieur à 749 €.**

schéma 54 L'élasticité prix de la demande

Dans le cycle de vie d'un produit, il n'est pas rare que le prix de celui-ci varie dans le temps. Il peut baisser en raison de son obsolescence ou de la sortie de nouveaux produits, et augmenter en raison de l'inflation ou encore d'une décision de l'entreprise d'élever son positionnement. L'élasticité prix de la demande permet de mesurer comment la demande d'un produit (c'est-à-dire le nombre de consommateurs souhaitant acheter le produit) réagit après une variation de son prix.

Élasticité prix de la demande

Calcul :

$$\frac{\textit{Taux de variation de la demande}}{\textit{Taux de variation du prix}} = \frac{\textit{(Demande 2 - Demande 1) / Demande 1}}{\textit{(Prix 2 - Prix 1) / Prix 1}}$$

Élasticité POSITIVE (ou inversée)

- Si le prix augmente, la demande pour le produit augmente
- **Exemple de produit :** Produits de marques de luxe

Élasticité NULLE

- Si le prix augmente ou baisse, la demande pour le produit est identique
- **Exemple de produit :** Produits de première nécessité

Élasticité NÉGATIVE

- Quand le prix augmente, la demande baisse
  Quand le prix baisse, la demande augmente
- **Exemple de produit :** Produits de consommation courante (produits normaux)

Calculs et graphiques représentant les trois principales situations d'élasticité prix de la demande

EXEMPLE

Élasticité NÉGATIVE

	1er janvier 2024	1er juillet 2024
Demande	1 500	1 000
Prix	10	20

$$\text{Élasticité prix} = \frac{(1\,000 - 1\,500) / 1\,500}{(20 - 10) / 10} = \frac{-0,3}{1} = -0,3$$

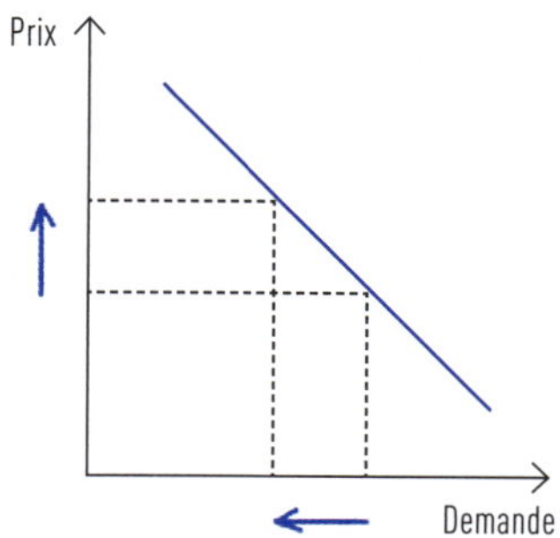

Élasticité NULLE

	1er janvier 2024	1er juillet 2024
Demande	1 500	1 500
Prix	10	20

$$\text{Élasticité prix} = \frac{(1\,500 - 1\,500) / 1\,500}{(20 - 10) / 10} = \frac{0}{1} = 0$$

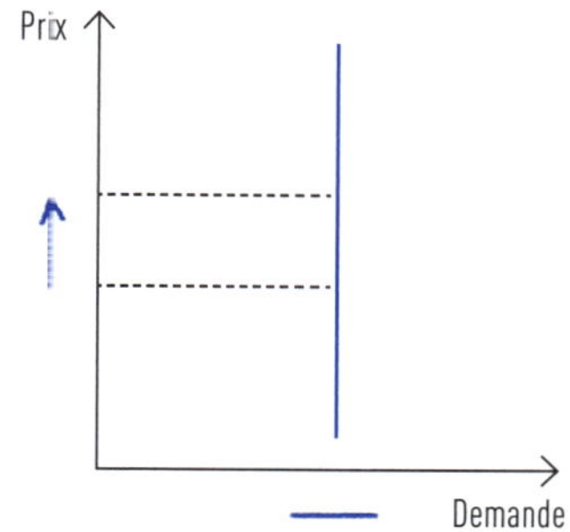

Élasticité POSITIVE (inversée)

	1er janvier 2024	1er juillet 2024
Demande	1 500	2 500
Prix	10	20

$$\text{Élasticité prix} = \frac{(2\,500 - 1\,500) / 1\,500}{(20 - 10) / 10} = \frac{0,6}{1} = 0,6$$

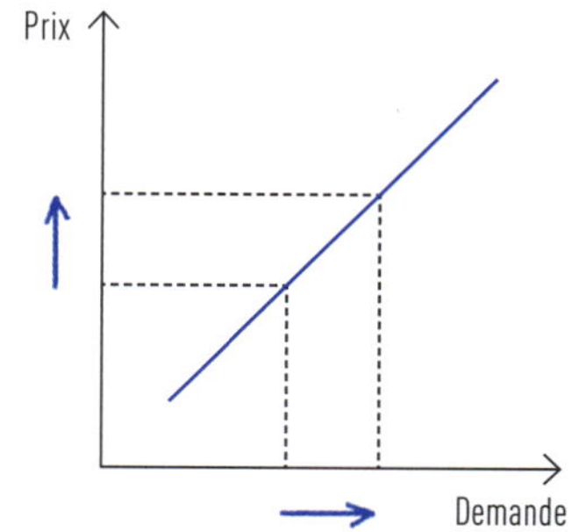

Chapitre 10

LA POLITIQUE DE DISTRIBUTION

Schémas

schéma 55 Les quatre grandes fonctions de la distribution

La distribution va au-delà de la mise en vente d'un produit dans un magasin. Elle comprend quatre grandes fonctions : la fonction logistique, la fonction commerciale, la fonction financière et la fonction marketing.

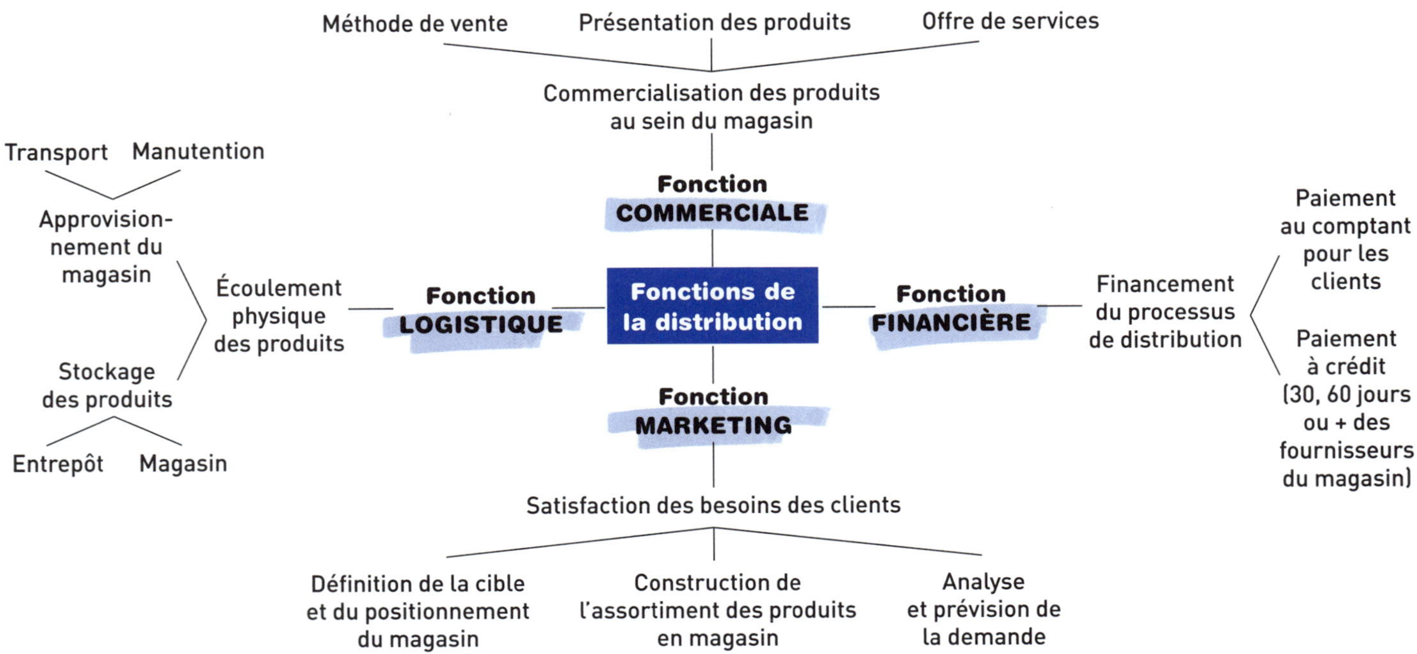

Les principaux enjeux de la grande distribution

EXEMPLE

Le secteur de la grande distribution est en pleine mutation, confronté à de nouveaux défis et enjeux qui redéfinissent son paysage. Voici quelques exemples de la façon dont les enseignes peuvent essayer d'avancer dans un contexte mouvant et de plus en plus exigeant :

Face au développement de plus en plus important de l'e-commerce et des nouvelles technologies

- Investissement dans des expériences en magasin innovantes qui vont au-delà de la simple transaction commerciale
- Création d'environnements immersifs et engageants qui offrent aux clients une expérience unique, mêlant par exemple des technologies interactives, des zones de démonstration et des événements en magasin
- Proposition d'offres de services personnalisés (recommandations de produits personnalisées, promotions ciblées et services sur mesure)
- Intégration harmonieuse des canaux physiques et numériques permettant désormais une expérience fluide et cohérente, où ils peuvent passer facilement d'une interaction en ligne à une visite en magasin sans perdre la continuité de leur expérience d'achat (omnicannalité)

Face à une conscience écologique et responsable de plus en plus forte chez les consommateurs

- Réduction des emballages avec une minimisation de l'utilisation de plastique et une maximisation de l'utilisation de matériaux recyclables ou compostables
- Référencement accru et promotion de produits locaux et biologiques
- Mise en œuvre de politiques de recyclage et d'économie d'énergie dans les opérations quotidiennes des magasins

schéma 56

Les circuits de distribution

La définition du circuit de distribution d'un produit revient à mettre en évidence le chemin pris par un produit en partant du producteur et en allant jusqu'au consommateur, en passant (ou non) par un ensemble d'intermédiaires. Trois types de circuits de distribution existent. Chacun a ses avantages et ses inconvénients. L'entreprise va alors choisir la solution la plus adéquate pour le produit et ce, en fonction de la stratégie marketing établie préalablement.

Circuits de DISTRIBUTION

Circuit DIRECT

Aucun intermédiaire entre le producteur et le consommateur

Exemple : fermier vendant directement sa production aux clients au sein de son exploitation

Avantages :

- Proximité avec la clientèle et ses attentes
- Maîtrise des prix du produit vendu

Inconvénients :

- Diffusion restreinte du produit
- Coûts de stockage et de distribution élevés

Circuit COURT

Un seul intermédiaire (le distributeur) entre le producteur et le consommateur

Exemple : fermier vendant ses produits à un supermarché qui les revendra, à son tour, aux clients

Avantages :

- Bon contact avec le marché
- Coûts de stockage et de distribution réduits

Inconvénients :

- Nécessité d'un contrôle des actions de l'intermédiaires

Circuit LONG

Plusieurs intermédiaires (grossiste, détaillant et/ou distributeur) entre le producteur et le consommateur

Exemple : fermier vendant ses produits à un grossiste qui ensuite les vendra à un détaillant qui, lui-même, les revendra aux clients

Avantages :

- Diffusion massive du produit
- Répartition des risques

Inconvénients :

- Perte de contrôle de la distribution et des prix
- Risque de conflit accru avec les distributeurs (lié aux marges pratiquées)

EXEMPLE

Intermarché, producteurs & commerçants Vers la “ désintermédiation ”

Pour éviter la pratique de marges successives entraînant souvent des prix trop élevés pour les consommateurs et des gains trop faibles pour les producteurs, Intermarché pratique de plus en plus la « désintermédiation ». Il s’agit d’une pratique qui consiste, pour l’enseigne, à se fournir directement auprès des producteurs, sans passer par des grossistes.

Extrait du site Internet d’Intermarché

Zéro intermédiaire

“ Si nous pouvons innover et proposer à nos clients chaque jour des produits de qualité, avec des prix justes, c’est parce que nous avons quelque chose que les autres n’ont pas. Nous fabriquons les produits que nous vendons. Et ça, ça change tout. Vraiment tout.

Vous vous dites « Mais comment ils font, chez Intermarché ? ». C’est vrai que si nous étions seulement des commerçants, nous ne serions pas en mesure d’offrir des produits aussi qualitatifs, avec des prix si serrés, à nos clients. Tout du moins, pas comme ça. Alors comment nous faisons ?

Pour le prix : nous travaillons en circuit court, directement avec nos usines ultra-performantes, grâce à des investissements dans nos outils de production, et nos partenaires, grâce à des contractualisations. ”

schéma 57 Les étapes de la conception et de la gestion d'un circuit de distribution

Pour choisir le type de circuit de distribution à mettre en œuvre, l'entreprise doit suivre un processus en six étapes. Son objectif est d'opter pour la solution la plus adéquate en fonction des attentes des consommateurs, des caractéristiques du produit et de l'entreprise.

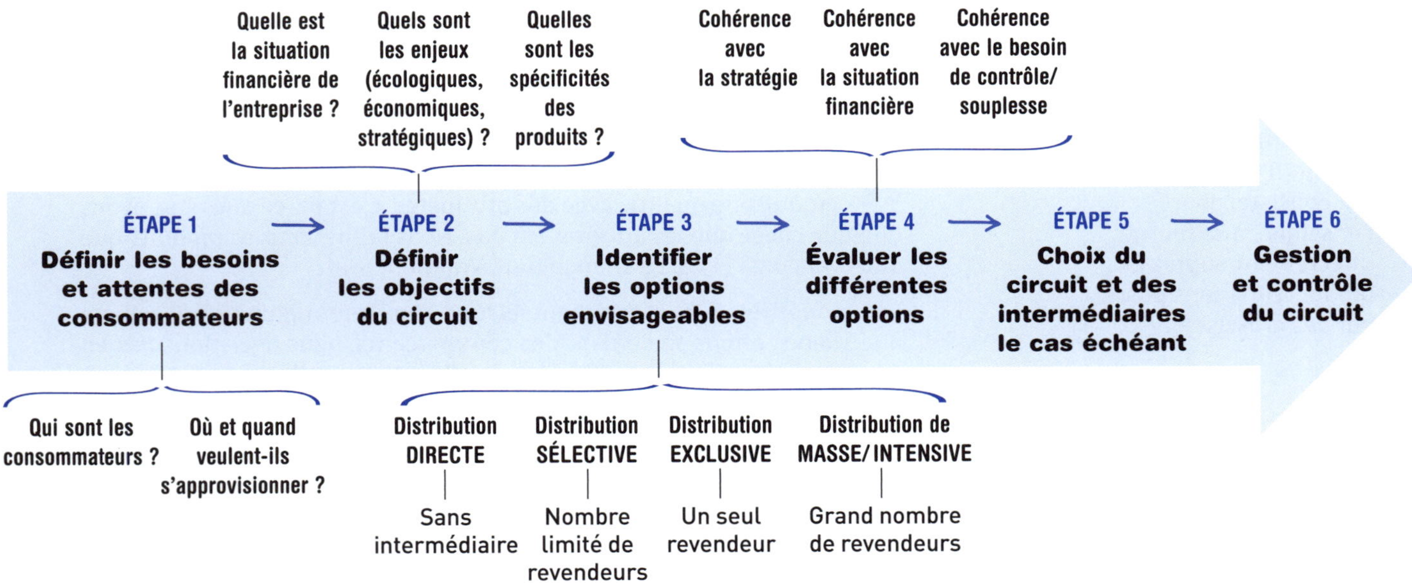

Les différentes options de distribution des marques cosmétiques

EXEMPLE

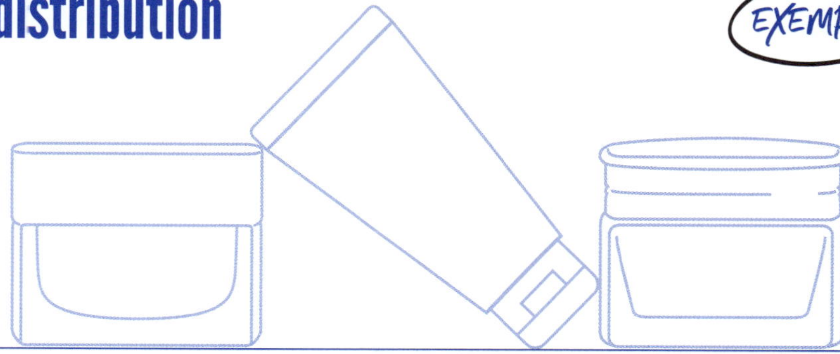

BENEFIT	M.A.C	CHANEL	L'ORÉAL
Distribution exclusive des produits de la marque Benefit dans les magasins Sephora	Distribution directe des produits de la marque M.A.C dans ses propres boutiques et sur son propre site Internet	Distribution sélective pour les parfums et cosmétiques Chanel dans ses propres boutiques, sur sa boutique en ligne, dans les grands magasins (Printemps, Galeries Lafayette) et les enseignes spécialisées (Marionnaud, Nocibé, Sephora)	Distribution de masse / intensive des produits de la marque L'Oréal *Paris* dans les supermarchés et hypermarchés et dans les magasins milieu de gamme (Monoprix)

schéma 58 Le merchandising

Au-delà du choix du circuit de distribution et du type de magasin, la politique de distribution s'intéresse au merchandising, c'est-à-dire à l'implantation et la présentation des produits au sein du magasin, pour accroître leurs ventes et leur rentabilité. Plusieurs méthodes et outils sont à la disposition des responsables de magasins.

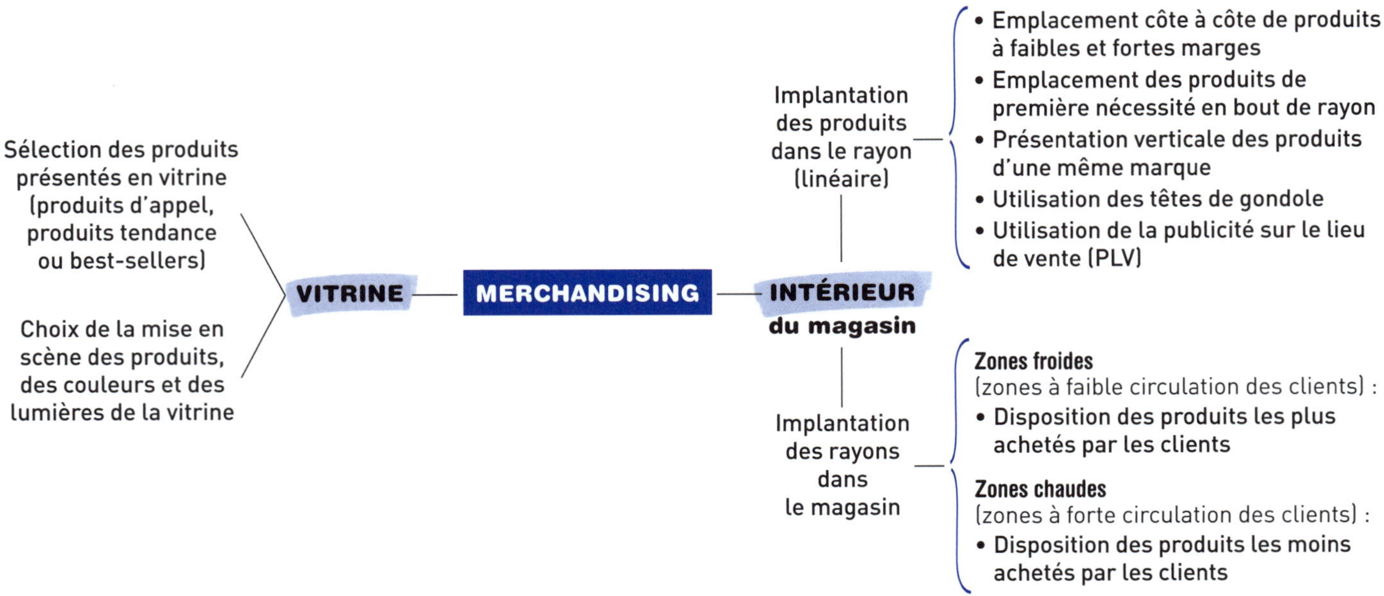

Plan d'un supermarché et éléments de merchandising

EXEMPLE

Identification de la zone froide et de la zone chaude dans un supermarché

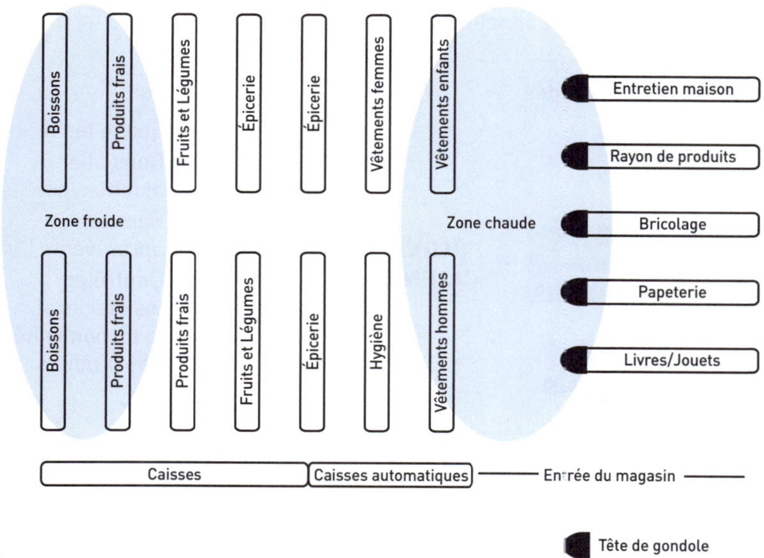

Présentation verticale des produits sur les étagères d'un rayon

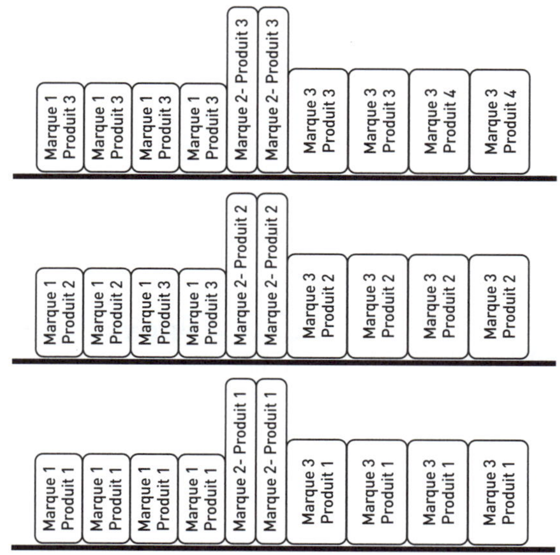

schéma 59 Les objectifs de la force de vente

Pour que l'entreprise puisse distribuer ses produits, il ne suffit pas uniquement d'avoir un lieu de vente et de l'organiser. Il est nécessaire également de faire appel à des vendeurs et des commerciaux (constituant la force de vente) qui vont s'occuper de leur commercialisation. La force de vente peut être interne (salariés de l'entreprise) et/ou externe (non-salariés de l'entreprise).

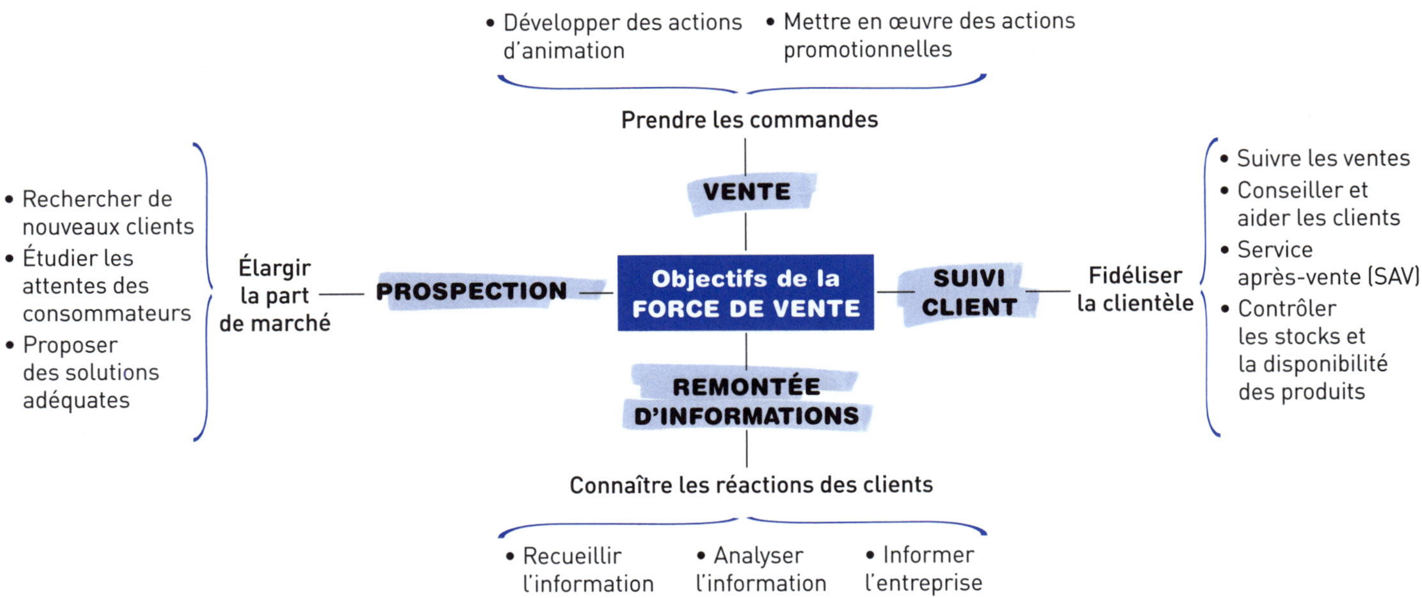

La force de vente en ligne : chatbot ou chatbox ?

EXEMPLE

Avec l'augmentation des achats en ligne, de nouveaux services sur les sites Internet ou les applications mobiles ont dû être créés par les entreprises pour répondre aux attentes des consommateurs et accroître leur satisfaction. Parmi eux, on note le développement croissant des chatbots et des chatbox.

Mais de quoi parle-t-on exactement ?
Quelle différence entre chatbot et chatbox ?

CHATBOT

Programme informatique conçu pour simuler une conversation humaine grâce à :

- des arbres de décisions, c'est-à-dire des scénarios intégralement rédigés à l'avance que les consommateurs parcourent en cliquant sur des boutons
- des algorithmes d'intelligence artificielle pour comprendre les demandes des consommateurs et y répondre de manière automatisée.

CHATBOX

Conversations en direct entre des utilisateurs et des agents (ou conseillers de vente) permettant de fournir des réponses précises et personnalisées aux demandes des utilisateurs utilisant :

- des textes
- des vidéos.

Disponible 24H/24 et 7 J/7	Disponible aux horaires d'ouverture du magasin
Pour des questions simples ou légèrement complexes	Pour des questions complexes et personnalisées
Peu coûteux	Très coûteux

schéma 60 Les indicateurs de performance de la force de vente

La force de vente correspond à une charge (coût) importante pour une entreprise. Il est donc important de vérifier son efficacité à travers des indicateurs de performance (KPI = *key performance indicator*). Il en existe de nombreux et le choix de ceux à utiliser dépend de chaque entreprise et de chaque contexte.

INDICATEURS DE PERFORMANCE

INDICE DE VENTE

$$\frac{\textit{Nombre de ventes}}{\textit{Nombre de tickets de caisse}}$$

=

Quantité moyenne de produits vendus par ticket de caisse

PANIER MOYEN

$$\frac{\textit{Montant total des achats}}{\textit{Nombre des achats}}$$

=

Coût moyen dépensé par chaque client lors de ses visites

ATTEINTE DES OBJECTIFS

$$\frac{\textit{Chiffre d'affaires réalisé}}{\textit{Chiffre d'affaires prévu}} \times 100$$

=

Pourcentage de chiffre d'affaires réalisé par les commerciaux en fonction de leurs objectifs

COÛT D'ACQUISITION (CAC)

Pourcentage du nombre de retombées des actions commerciales

=

$$\frac{\textit{Total des investissements en acquisition clients}}{\textit{Nombre de clients acquis}} \times 100$$

TAUX DE CONVERSION ou TRANSFORMATION

Pourcentage de leads (prospects ou pistes) convertis en clients

=

$$\frac{\textit{Nombre de leads}}{\textit{Nombre de leads devenus clients}} \times 100$$

Analyse de la force de vente d'une entreprise de vidéoprojecteurs

EXEMPLE

Une entreprise de vidéoprojecteurs s'est lancée sur le marché il y a deux ans. Elle doit maintenant faire le bilan de ces deux premières années d'activité afin de faire évoluer sa force de vente. Elle a donc récolté un certain nombre de données dans le tableau ci-contre :

	2022	2023
Chiffre d'affaires réalisé	120 000 €	135 000 €
Chiffre d'affaires visé	135 000 €	230 000 €
Nombre de commerciaux	4	5

Les commerciaux ont-ils atteint leurs objectifs en termes de chiffre d'affaires ?

Atteinte des objectifs en 2022 = $\frac{120\,000}{135\,000} \times 100 = 89\ \%$

Atteinte des objectifs en 2023 = $\frac{135\,000}{230\,000} \times 100 = 58\ \%$

Alors qu'en 2022, l'entreprise avait réalisé 89 % de ses objectifs, la situation s'est très fortement dégradée l'année suivante avec une réalisation de moins de 60 % en 2023.

Comment l'entreprise peut-elle réagir pour améliorer la situation ?

Plusieurs pistes doivent être envisagées :

- Le chiffre d'affaires visé en 2023 a été surestimé. Il a augmenté de 62 %.
  Il faudrait donc avoir un système de prévisions un peu plus fiable.
- Les commerciaux ne sont pas assez performants.
  Il faudrait, dans un premier temps, mettre en place des formations afin de les aider à atteindre les objectifs.
  Si cela ne fonctionne pas, la direction sera peut-être amenée à les remplacer.

schéma 61 Le marketing expérientiel du lieu de vente

Afin de stimuler les ventes dans un magasin mais également de fidéliser les clients et accroître leur satisfaction, les responsables de points de vente peuvent, au-delà de l'organisation des rayons et des linéaires, utiliser les techniques du marketing expérientiel.

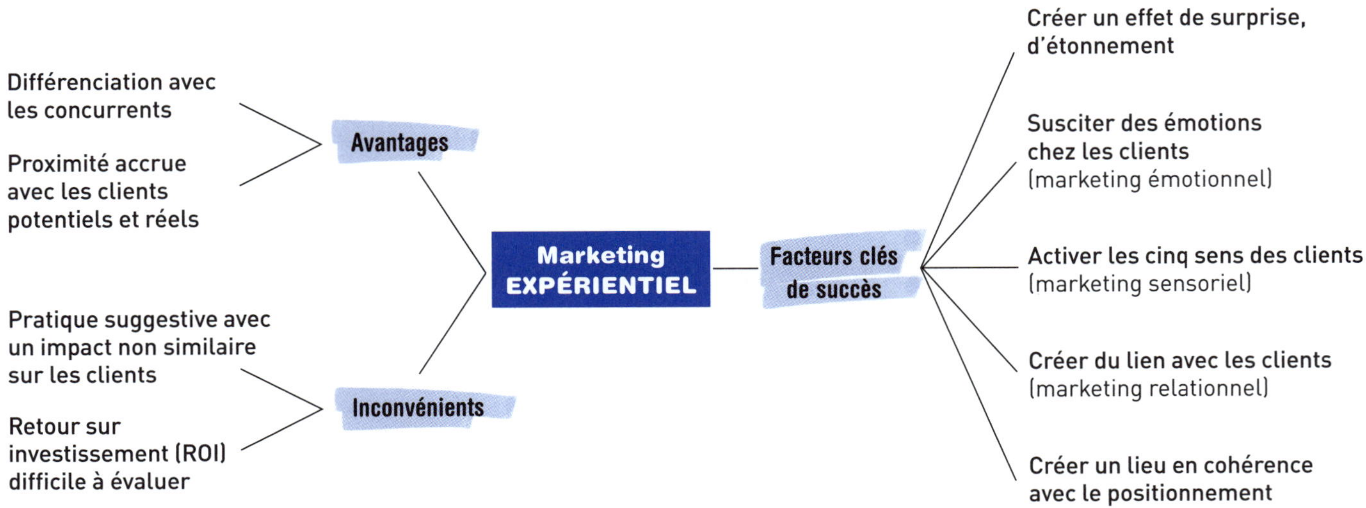

Utilisation multiple du marketing expérientiel chez Apple

EXEMPLE

Apple est une marque qui utilise le marketing expérientiel aussi bien dans ses boutiques que sur son site Internet :

Séances personnalisées en ligne proposées pour tout achat effectué auprès d'Apple, afin d'aider les clients à profiter pleinement de leur nouvel appareil et répondre à toutes leurs questions

↓

Permet de susciter des émotions positives et de créer du lien avec les clients

Boutiques épurées et spacieuses avec pour couleur principale le blanc et dans lesquelles la possibilité de tester tous les produits de la marque est donnée aux consommateurs

↓

Permet d'activer plusieurs sens des clients et d'être en cohérence avec les valeurs de la marque

Conférence annuelle (Worldwide developers conference - WWDC) lors de laquelle les nouveautés de la marque (produits) sont présentées pour la première fois

↓

Permet de créer de l'attente, de la surprise

schéma 62 Les cinq sens du marketing sensoriel en boutique

Pour créer une expérience mémorable en boutique, il est nécessaire de faire appel aux cinq sens des consommateurs. Leur utilisation peut permettre aux consommateurs de se sentir bien dans le magasin, d'y rester plus longtemps ou encore d'obtenir plus d'informations sur les produits ou la marque.

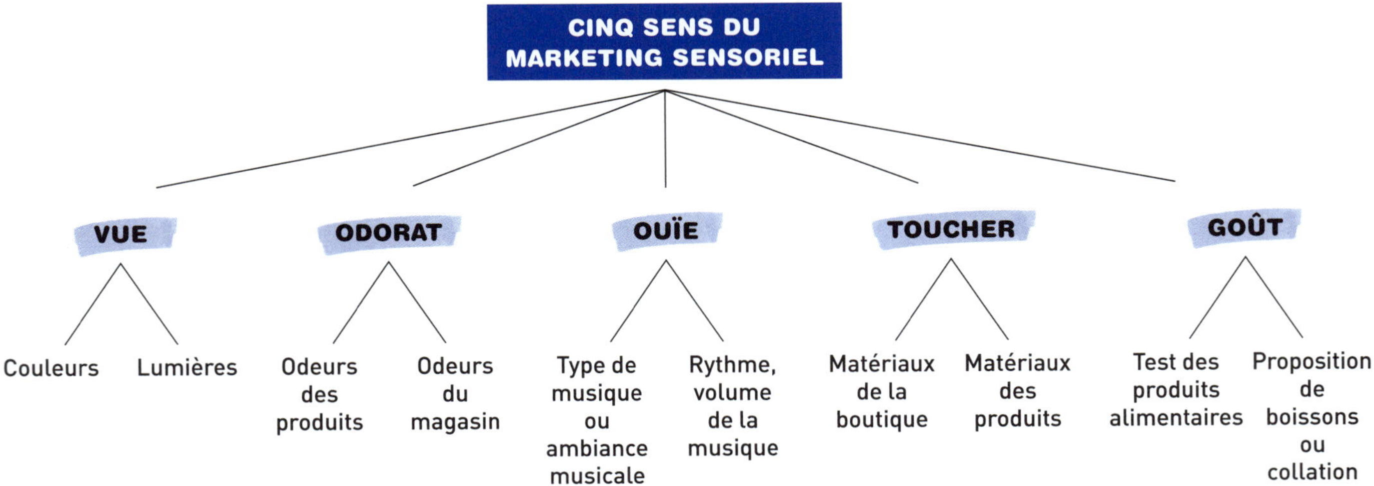

Utilisation des cinq sens dans une boulangerie/pâtisserie

EXEMPLE

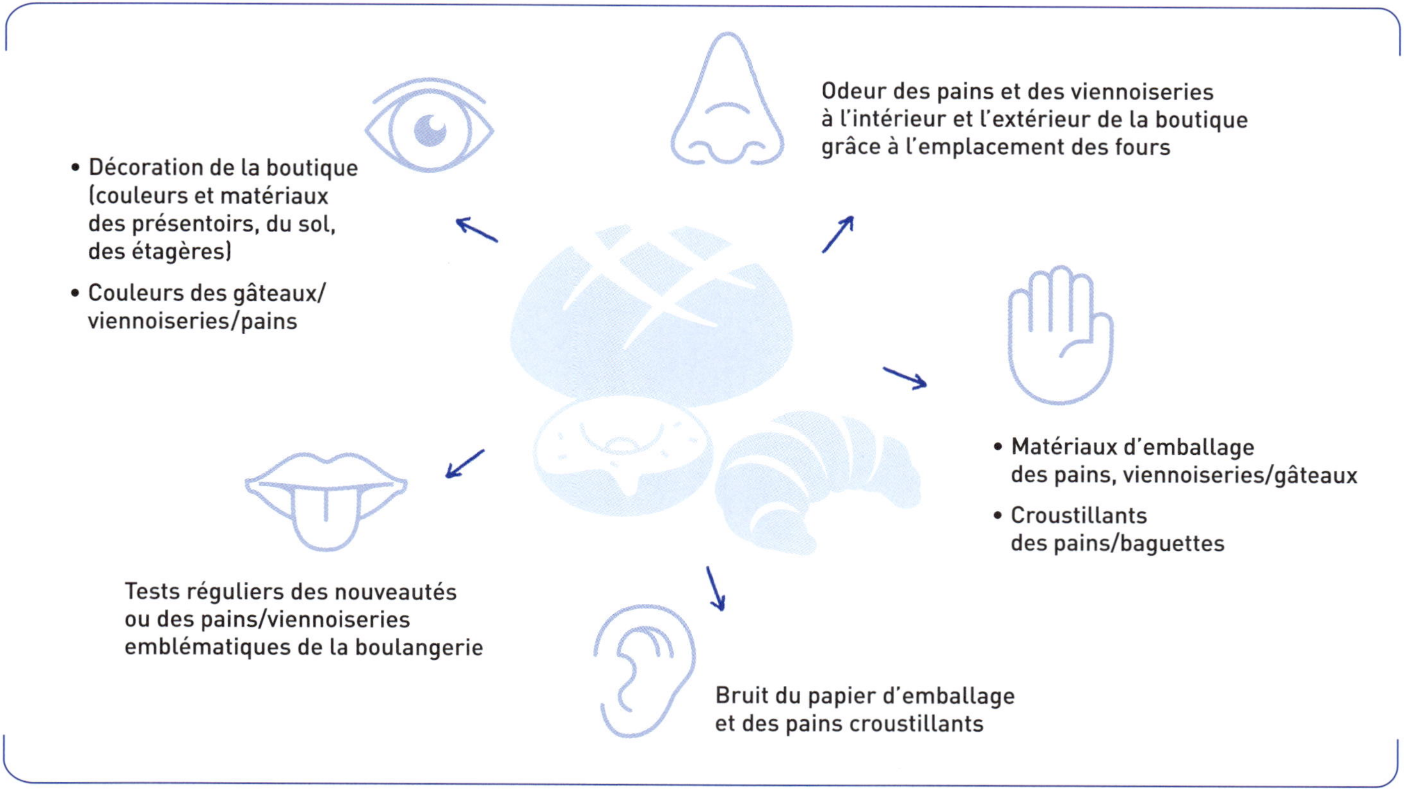

Chapitre 11

LA POLITIQUE DE COMMUNICATION

Schémas

schéma 63

La distinction entre communication interne et communication externe

Lorsque l'entreprise met en œuvre sa stratégie, elle doit communiquer sur son produit, non seulement aux consommateurs ciblés (communication externe) mais également à l'ensemble des collaborateurs de l'entreprise (communication interne). Même si la communication interne joue une place centrale dans l'entreprise, dans la suite de cet ouvrage, nous focalisons notre attention sur la communication externe.

COMMUNICATION

Communication INTERNE

Définition :
Actions de communication de l'entreprise au sein de l'entreprise

Public visé :
Membres de l'entreprise (salariés, collaborateurs)

Objectif :
Mobiliser les membres de l'organisation, les informer, développer le sentiment d'appartenance

Exemples d'actions :
Journal interne, compte rendu de réunion, newsletter, intranet, événements internes

Communication EXTERNE

Définition :
Actions de communication de l'entreprise vers ses groupes cibles

Public visé :
Consommateurs

Objectif :
Promouvoir les produits de l'entreprise auprès des consommateurs et les inciter à les acheter

Exemples d'actions :
Presse, télévision, Internet, réseaux sociaux, sponsoring et mécénat, événementiel

La création de la communication interne au sein d'une entreprise de tablettes de chocolat

EXEMPLE

Une entreprise qui fabrique des tablettes de chocolat a vu son nombre d'employés grandir de façon importante depuis deux ans. Dans le cadre de ce développement, la direction a décidé d'engager un nouveau chargé de communication interne : Sébastien. Il doit mettre en place tout un plan et des procédures pour répondre à cinq objectifs différents. Voici un récapitulatif de ses premières idées :

Objectifs		Quelques idées
Développer la communication de la direction aux employés	→	Mettre en place une procédure récurrente et/ou automatique pour célébrer les réussites et souligner les défis ou challenges à venir
Développer la communication des employés aux supérieurs	→	Disposer de forum sur des outils de discussions instantanées (ex : Slack) Création de sondage et votes sur diverses thématiques
Développer la communication entre employés	→	Utiliser WhatsApp, un réseau social d'entreprise (ex : Workplace) ou une autre plateforme similaire pour favoriser la collaboration et les échanges
Fluidifier la communication des informations de l'entreprise	→	Création d'un espace de stockage en ligne répertoriant différents types d'informations (missions et valeurs de l'entreprise, éléments de la charte graphiques et support de communication, procédures...)
Développer une communication de crise	→	Mettre en place les procédures et outils à utiliser en cas de crise pour informer le plus rapidement possible l'ensemble des employés et réagir de façon adéquate

schéma 64

La logique de communication

Pour développer une communication et optimiser sa mise en œuvre, les responsables marketing et communication peuvent suivre un processus logique qui se compose de deux grands types de décisions à prendre simultanément : l'une est relative au choix des supports de communication et l'autre au contenu de la communication.

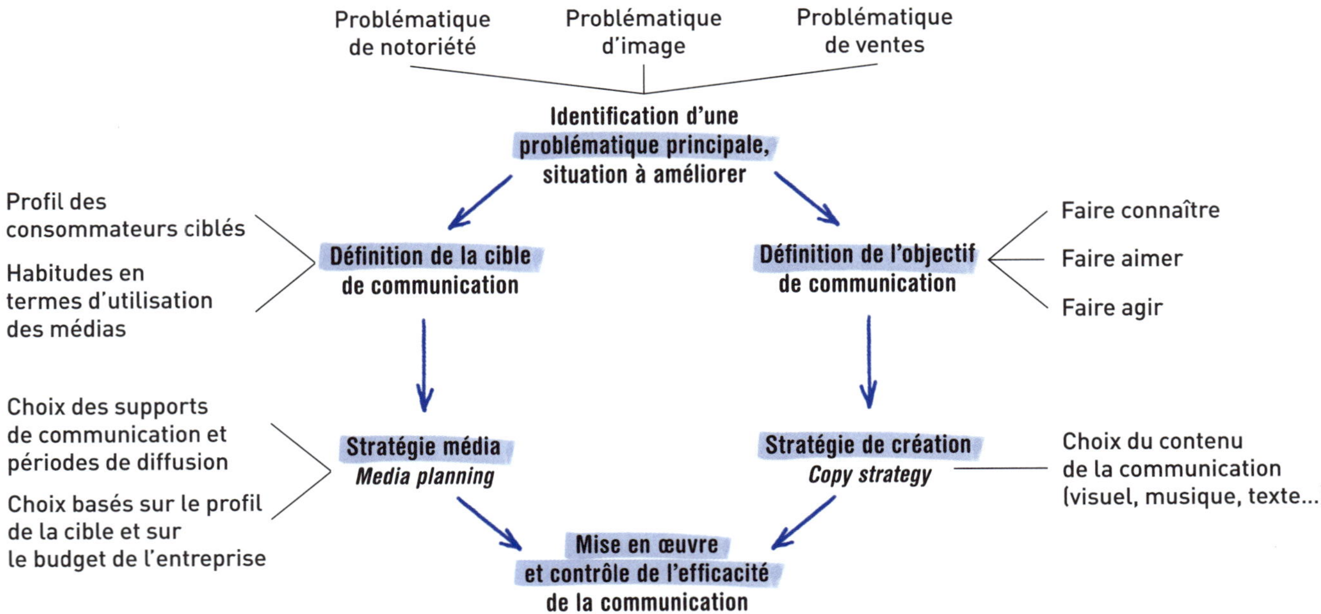

La logique de communication suivie par une marque de yaourts riches en calcium pour les seniors

EXEMPLE

Une entreprise de yaourts pour seniors a mené une étude pour évaluer ce que pensent les consommateurs de son produit.

Les résultats de l'étude montrent que les clients ne connaissent pas bien le produit et ses bénéfices.

L'entreprise décide donc de mener une campagne de communication pour régler ce problème de notoriété.

CIBLE de communication

Les seniors (hommes et femmes âgés de plus de 60 ans)

↓

Stratégie MÉDIA

Choix de faire une publicité à la télévision sur les chaînes les plus regardées par les seniors (TF1, France 2 essentiellement) à des horaires de forte audience pour eux (milieu de matinée et d'après-midi)

OBJECTIF de communication

Faire connaître davantage les yaourts riches en calcium de l'entreprise

↓

Stratégie de CRÉATION

Communication dans laquelle il faudra montrer en gros plan le produit et ses caractéristiques avec la mention « Riche en Calcium » et en soulignant l'importance du calcium pour les personnes âgées

schéma 65 Les objectifs de communication

Pour chaque campagne de communication, l'entreprise devra identifier les problèmes auxquels elle fait face ou les éléments qu'elle souhaite améliorer. Pour optimiser l'efficacité de la communication, il faut qu'elle se concentre sur une seule problématique. De là, elle précisera son objectif de communication : faire connaître, faire aimer ou faire agir.

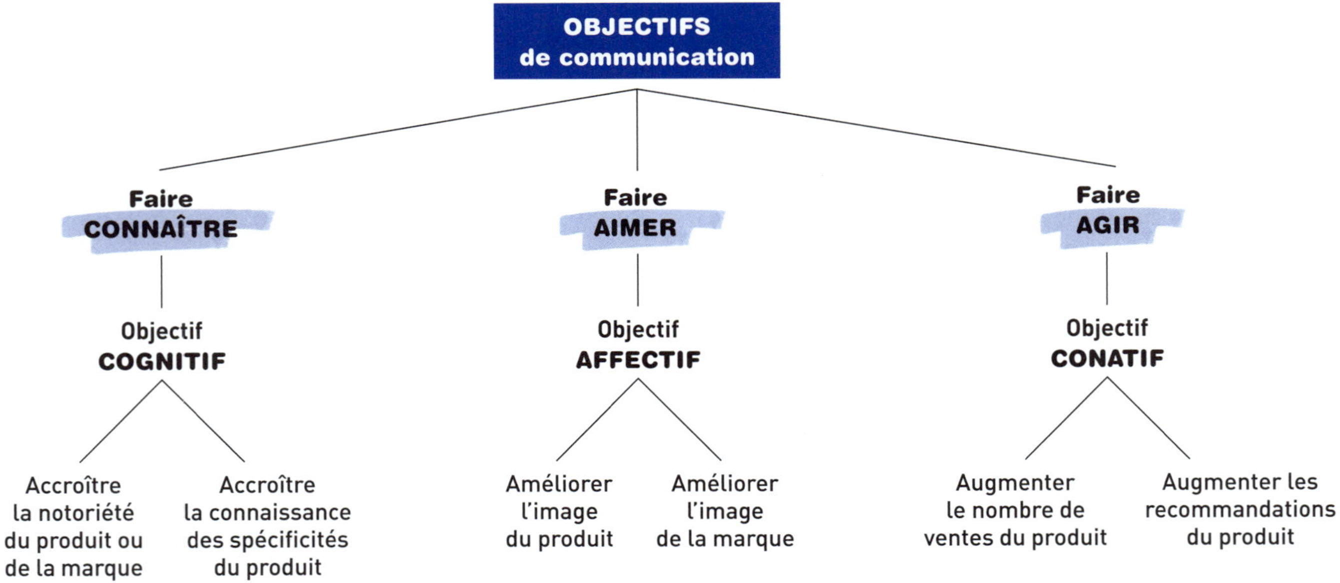

Utilisation des différents objectifs de communication d'une marque de vélo sur Instagram

EXEMPLE

Une entreprise qui crée et vend des vélos utilise Instagram pour communiquer. De façon alternative, l'entreprise publie des posts dont les objectifs de communication sont différents, comme le montrent ces trois représentations :

Faire CONNAÎTRE

Ce post Instagram a pour objectif de faire connaître aux consommateurs le nouveau vélo et ses principales caractéristiques

Faire AIMER

Ce post Instagram a pour objectif de faire aimer l'entreprise grâce à laquelle il est possible de vivre des moments de partage dans la nature

Faire AGIR

Ce post Instagram a pour objectif de faire participer les consommateurs à un jeu-concours pour gagner un vélo et créer de l'engagement

schéma 66

La distinction entre cible marketing et cible de communication

Lorsque l'entreprise doit développer sa campagne de communication, elle doit choisir sa cible de communication, qui peut être identique ou différente de la cible marketing.

DEUX TYPES DE CIBLE

Cible MARKETING

Répond à la question :
« Qui va utiliser le produit ? »

Cible de COMMUNICATION

Répond à la question :
« À qui l'entreprise doit s'adresser pour parler du produit ? »

Deux situations possibles

Cible marketing = Cible de communication

Si la personne qui utilise le produit est identique à celle à qui on adresse la communication

Cible marketing ≠ Cible de communication

Si la personne qui utilise le produit est différente de celle à qui on adresse la communication

Cible marketing *vs.* Cible de communication

EXEMPLE

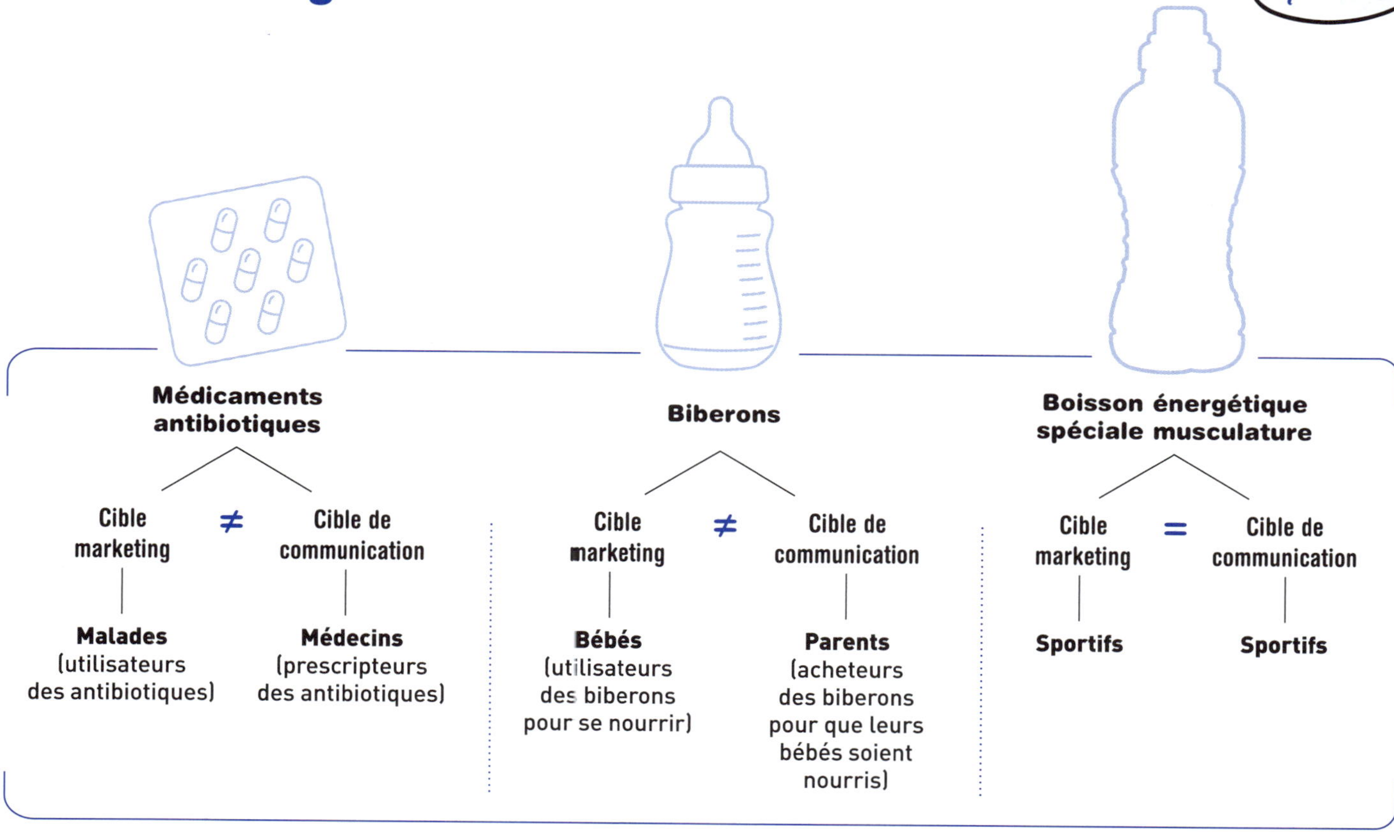

schéma 67

Les supports de communication

Les entreprises ont à leur disposition un grand nombre de supports de communication pour s'adresser aux consommateurs. On distingue la communication média et la communication hors média.

SUPPORTS DE COMMUNICATION

Communication MÉDIA

Utilisation de médias traditionnels diffusant un message identique à tous les consommateurs

- Affichage
- Presse
- Radio
- Télévision
- Cinéma
- Internet et réseaux sociaux

Communication HORS MÉDIA

Utilisation de techniques de communication directement en lien avec le clients et permettant une personnalisation des messages

- Relations publiques
- Foires et salons
- Promotion des ventes
- Sponsoring et mécénat
- Marketing direct

EXEMPLE

La multiplicité des supports de communication pour les 130 ans de la marque Petit Bateau

Les entreprises ou marques ont besoin de choisir sur quels supports de communication elles vont lancer leur nouvelle campagne. Les petites marques, à cause d'un budget limité, devront souvent se limiter à un ou deux supports de communication.

Les plus grandes marques, comme Petit Bateau, auront le budget nécessaire pour multiplier les supports de communication :

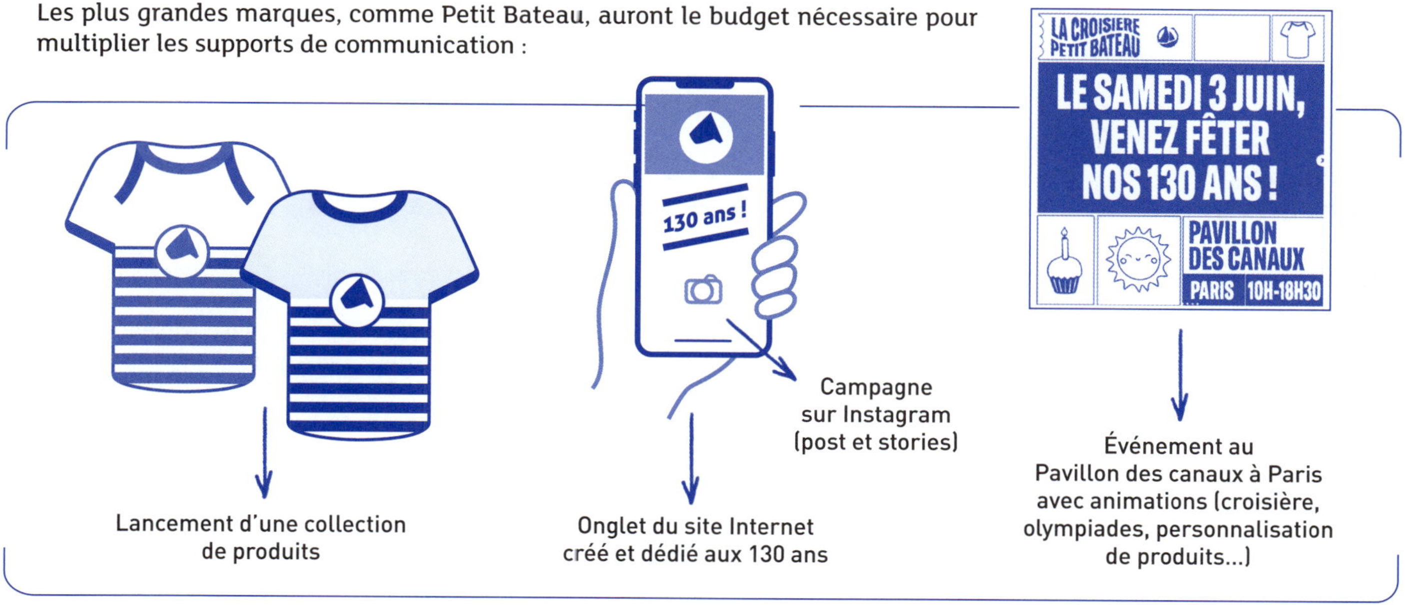

schéma 68

Les indicateurs de performance d'une campagne de communication

La mesure de la performance d'une campagne de communication est complexe. De nombreux indicateurs existent et leur choix pour une entreprise dépend du type de supports de communication mais également des objectifs retenus par les managers.

INDICATEURS DE PERFORMANCE

Taux de MÉMORISATION

Part de la population exposée ayant un réel souvenir la campagne publicitaire

Qualité du message et sa répétition

Taux d'ATTRIBUTION

Capacité pour un individu à restituer le nom de la marque ou du produit de la campagne à laquelle il a été exposé

Lien entre la campagne de communication et la marque ou le produit

Score d'AGRÉMENT

Niveau d'appréciation d'un message publicitaire auquel un individu a été exposé

Qualité de la création, de son contenu et pertinence du format de diffusion

Taux de CONSIDÉRATION

Impact du souvenir publicitaire sur la considération d'achat

Qualité de l'image de marque et sa notoriété

Intention d'ACHAT

Part des individus exposés à la campagne qui prévoient un achat du produit sur le court terme

Comparaison entre l'intention d'achat entre un groupe exposé à la campagne et l'autre non

Les raisons pouvant expliquer de mauvais résultats sur les indicateurs de performance d'une campagne de communication

EXEMPLE

Taux de mémorisation FAIBLE	Taux d'attribution FAIBLE	Score d'agrément FAIBLE	Taux de considération FAIBLE	Intention d'achat FAIBLE
Un taux faible peut être dû à une mauvaise définition du ciblage ou bien de mauvais choix du contenu : message, visuel ou encore format de la publicité. Une analyse en profondeur des raisons de la faible mémorisation est nécessaire. L'entreprise peut par exemple décider de faire une étude qualitative auprès de consommateurs.	Un taux faible est signe que la marque n'est pas assez explicite dans la publicité. Les codes de la marque ou du produit ne sont pas assez visibles ou identifiables et ne permettent pas aux consommateurs de relier facilement la campagne à la marque/au produit. Un travail sur la stratégie de contenu de la communication est nécessaire.	Un taux faible est le signe que la publicité n'a pas été appréciée par les personnes qui y ont été confrontées. Ce taux faible peut alors avoir un impact sur l'intention d'achat des consommateurs. Il est donc nécessaire de redéfinir la stratégie de contenu et la stratégie média.	Un taux faible peut signifier que la campagne a eu un impact plutôt mauvais en termes d'image de la marque ou du produit. Le message n'a pas permis aux consommateurs de comprendre que le produit peut répondre à leur besoin. Une analyse en profondeur auprès des consommateurs du contenu de la campagne de communication est alors nécessaire.	Une intention faible est le signe que la campagne a manqué d'impact. Sa performance médiocre réduit son potentiel d'influence sur l'acte d'achat. Il est alors nécessaire d'étudier le contenu de la campagne de communication tout en considérant les spécificités de son marché (comparaison avec les autres marques).

schéma 69 Les audiences d'une campagne de communication

Les audiences sont des indicateurs permettant de mesurer ou de calculer le nombre de personnes qui seront potentiellement touchées par une campagne de communication ou seront effectivement touchées par celle-ci. Les calculs d'audiences permettent de sélectionner les supports de communication qui offrent la plus grande efficacité dans le cadre du budget fixé.

AUDIENCES D'UNE CAMPAGNE de communication

- **Audience POTENTIELLE** : Nombre de personnes susceptibles d'être touchées par une campagne de communication
- **Audience RÉELLE** : Nombre de personnes effectivement touchées par la campagne de communication
- **Audience UTILE** : Nombre de personnes effectivement touchées par la campagne de communication et appartenant à la cible

Audiences d'une campagne de communication pour une entreprise française de téléphones portables pour personnes âgées

EXEMPLE

Une entreprise de téléphones portables pour personnes âgées a mené une campagne de communication à la télévision. Pour cela, elle a fait appel à une agence de communication.

Voici les différentes audiences relatives à cette campagne :

Indicateurs	Données et/ou calculs
Audience POTENTIELLE →	L'agence de communication estime qu'elle pourra atteindre 600 000 personnes *via* la campagne de communication qu'elle souhaite mettre en œuvre pour la marque de téléphones portables pour personnes âgées.
Audience RÉELLE →	400 000 personnes sont effectivement touchées par la publicité. Ce chiffre montre que l'agence avait soit surestimé l'audience potentielle, soit la campagne de communication n'a pas été suffisamment bien réalisée.
Audience UTILE →	Sur les 400 000 personnes, 75 % sont des personnes âgées. Comme la publicité visait initialement les personnes âgées, l'audience utile est donc de 300 000 (400 000 × 75 / 100) ce qui correspond à seulement la moitié de l'audience utile définie par l'agence avant le lancement de la campagne.

➡ **Face à ce mauvais résultat d'audience utile, l'entreprise demande donc à l'agence de revoir sa stratégie.**

schéma 70 Le street marketing

Selon la cible et le positionnement, les marques peuvent décider d'utiliser la rue et les lieux publics pour promouvoir un évènement, un produit ou un service. Cette technique, appelée street marketing, est une forme modernisée de pratiques plus anciennes comme les hommes-sandwichs ou la distribution de flyers ou d'objets publicitaires.

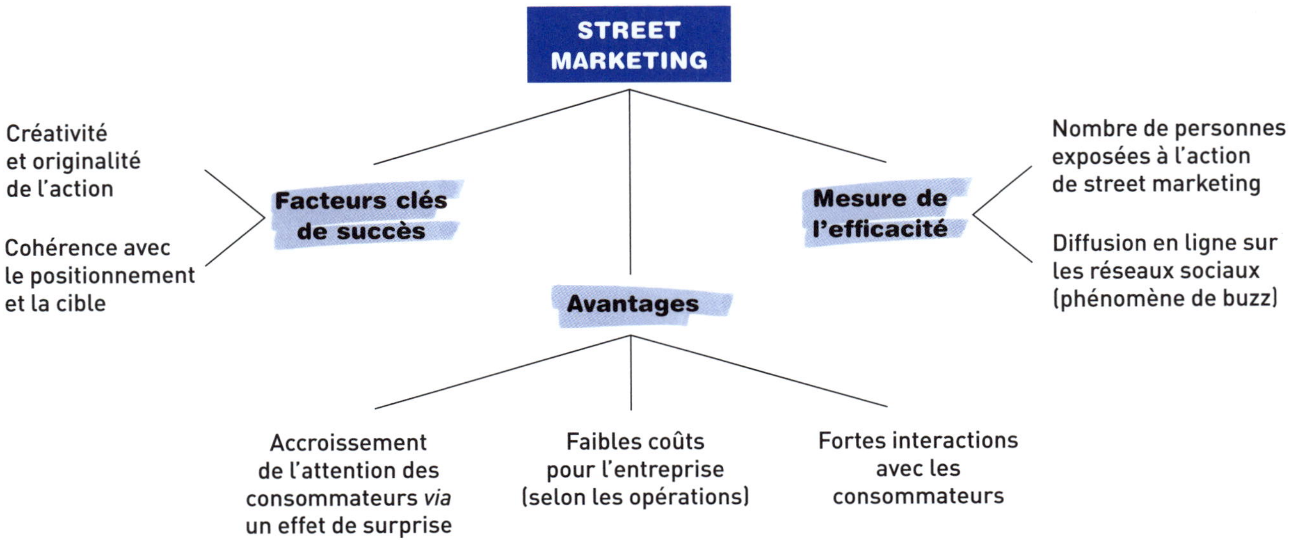

La nouvelle tendance du *fake* street marketing

EXEMPLE

Le *fake* street marketing, la nouvelle tendance virale des marques

Par **Pierre-Nicolas Viger**

Publié le 2 janvier 2024 sur le site Internet *Stratégies*

« Un rouge à lèvres géant a-t-il vraiment sillonné les rues de la capitale ? Dans sa dernière campagne dévoilée le 6 septembre, sur LinkedIn, par sa directrice générale internationale, Delphine Viguier-Hovasse, pour promouvoir la sortie d'une nouvelle gamme de rouge à lèvres, L'Oréal met en scène son nouveau produit sur le dos d'une 2CV, qui laisse sa trace rouge le long de la route en direction de l'Opéra Garnier. Réalisée en animation 3D, la vidéo est rapidement devenue virale, avec plus de 1 500 réactions sur le réseau social professionnel.

(...)

Cette nouvelle tendance du street marketing, que l'on peut appeler le *fake* street marketing, représente une opportunité intéressante pour les marques qui peuvent ainsi récolter les likes des internautes sans se soucier de la logistique qu'une vraie campagne impliquerait. (...) »

FOOH, l'avenir de la publicité ?

« Face aux réactions suscitées par la campagne, son créateur a rapidement révélé la supercherie sur LinkedIn.

Il parle de FOOH (*Fake out of home*) : « J'appelle ce style de publicité FOOH, ou Faux *out of home*, car le concept est de montrer une campagne publicitaire qui pourrait exister dans la vie réelle mais qui est purement en 3D/cgi. »

Il explique qu'il s'agit d'une démonstration de faisabilité, où les marques peuvent évaluer les réactions suscitées par un coup marketing sans avoir à le réaliser. S'il espère voir les projets prendre vie, il anticipe davantage de vidéos de ce type à l'avenir. « À l'époque où nous vivons et partageons tout en ligne, je pense que les campagnes FOOH pourraient devenir la plus grande tendance de la publicité en ligne », explique-t-il encore sur son compte LinkedIn. »

schéma 71 Le marketing direct

Dans sa politique de communication, l'entreprise peut décider de ne pas passer par des intermédiaires mais de communiquer directement avec les consommateurs potentiels et actuels.

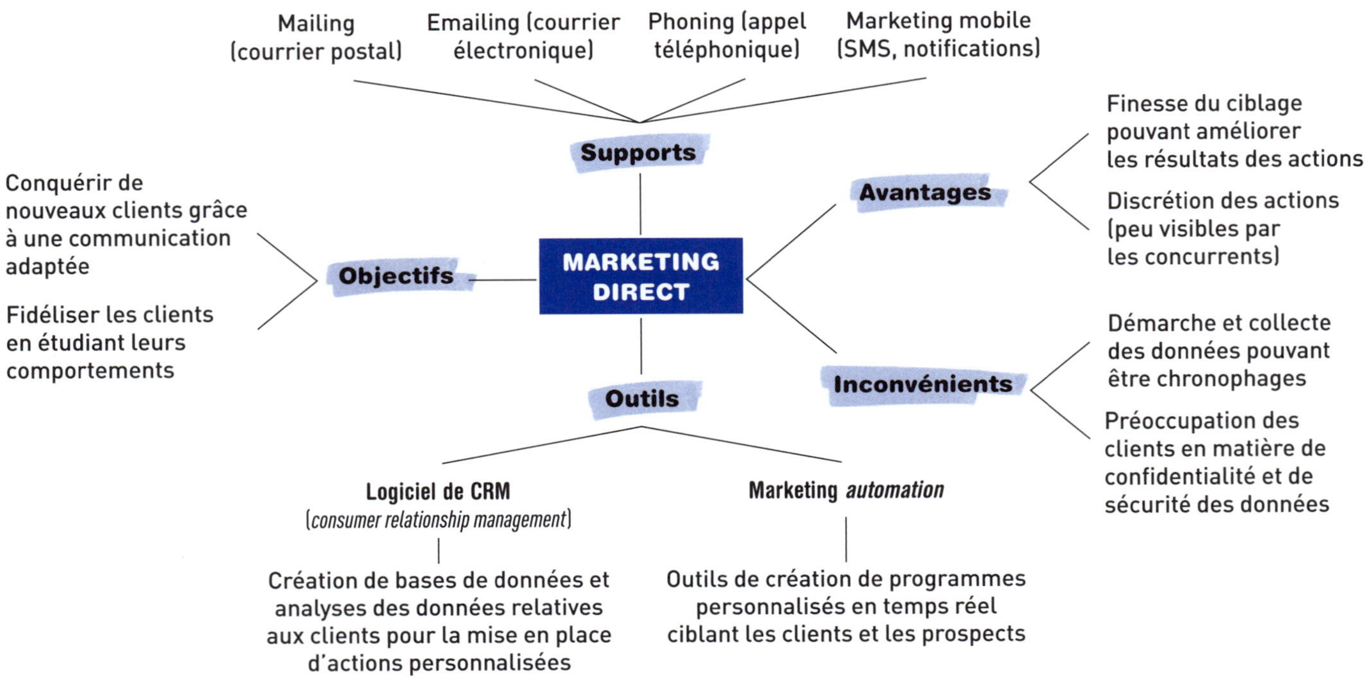

Succès d'opérations de marketing direct

EXEMPLE

Renault
COURRIER HAUT DE GAMME

En 2019, l'entreprise Renault a souhaité communiquer sur les nouveautés de sa gamme Talisman, véhicules haut de gamme du constructeur. La marque a lancé une campagne de marketing direct créative et axée sur le luxe. Pour toucher ses clients et prospects PCS +, Renault a choisi une campagne courrier et e-mail en s'inspirant des codes de l'horlogerie de luxe. La marque a joué sur la qualité du papier, les effets d'impression et le contenu du coffret : un livret d'art et un chargeur nomade en cadeau. Dans le cadre de cette stratégie marketing, le constructeur automobile français avait opté pour une mise en contact des *leads* directement auprès de son réseau de concessions.

➡ **Résultat : les commandes de voitures de la gamme Talisman ont augmenté de près de 40 % sur le mois de mars 2019.**

30 millions d'amis
MAILING AUX DONATEURS

Pour accentuer la sensibilisation et connaître le taux d'engagement sur la question du statut juridique de l'animal en France, l'association 30 millions d'amis a fait parvenir un mailing ciblé à tous ses donateurs. Chacun a ainsi reçu un courrier personnalisé accompagné d'un dépliant, d'étiquettes nominatives de sensibilisation à la cause animale et d'un badge. Un questionnaire et un bulletin de don étaient également joints. Cette campagne de marketing direct était doublée d'une campagne digitale relayant le sondage et incitant au don.

➡ **Résultats : 40 000 personnes ont répondu au questionnaire.**

Chapitre 12

ET APRÈS LA MISE EN VENTE DU PRODUIT ?

Schémas

schéma 72

La satisfaction des consommateurs *via* le modèle de disconfirmation

Après la définition de la stratégie marketing et son opérationnalisation, l'entreprise va enfin pouvoir mettre en vente le produit. Les consommateurs vont le découvrir, parfois l'acheter. Après l'achat et l'utilisation du produit, ils vont définir leur niveau de satisfaction. Celui-ci sera fonction de la comparaison entre leurs attentes initiales et la performance perçue du produit. C'est ce que l'on appelle le modèle de disconfirmation.

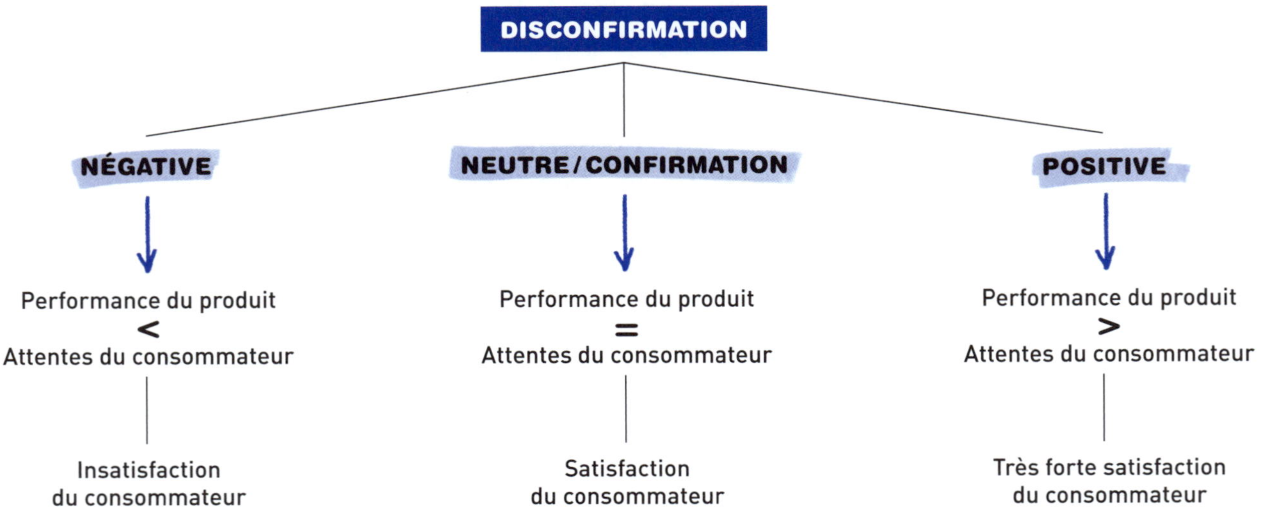

Analyse des commentaires des consommateurs d'une imprimante sur Amazon

EXEMPLE

	Commentaire 1	Commentaire 2	Commentaire 3
	Je suis très déçue par cette imprimante. Je l'avais commandée essentiellement pour faire des copies et j'ai découvert que, finalement, cela n'est pas possible. Je suis obligée de prendre des photos avec mon téléphone puis de les imprimer.	*Ce qui est parfait, c'est sa petite taille et son poids léger. Avec le Wifi , je peux imprimer depuis mon PC ou mon portable. Le prix est raisonnable. Je suis contente.*	*J'ai acheté cette imprimante couleurs en urgence pour un projet scolaire. Elle fonctionne très bien. En plus, j'ai découvert certaines fonctionnalités très pratiques. Je m'attendais aussi à ce que l'imprimante soit trop grande et en fait, elle est très compacte et pratique. C'est super !*
Attentes :	**Imprimante qui puisse faire des copies**	**Liées à la description du produit**	**Imprimante couleurs**
Performance :	**Imprimante qui ne fait pas de copies**	**Conforme à la description**	**Imprimante qui a des fonctionnalités supplémentaires**
	Performance < Attentes	**Performance = Attentes**	**Performance > Attentes**
	Disconfirmation négative	**Neutre/confirmation**	**Disconfirmation positive**

schéma 73

Les conséquences de la satisfaction et de l'insatisfaction des consommateurs

Une fois les produits achetés et consommés, les consommateurs pourront définir leur degré de satisfaction. Leurs réactions pourront varier et impacter l'entreprise, la marque ou le produit.

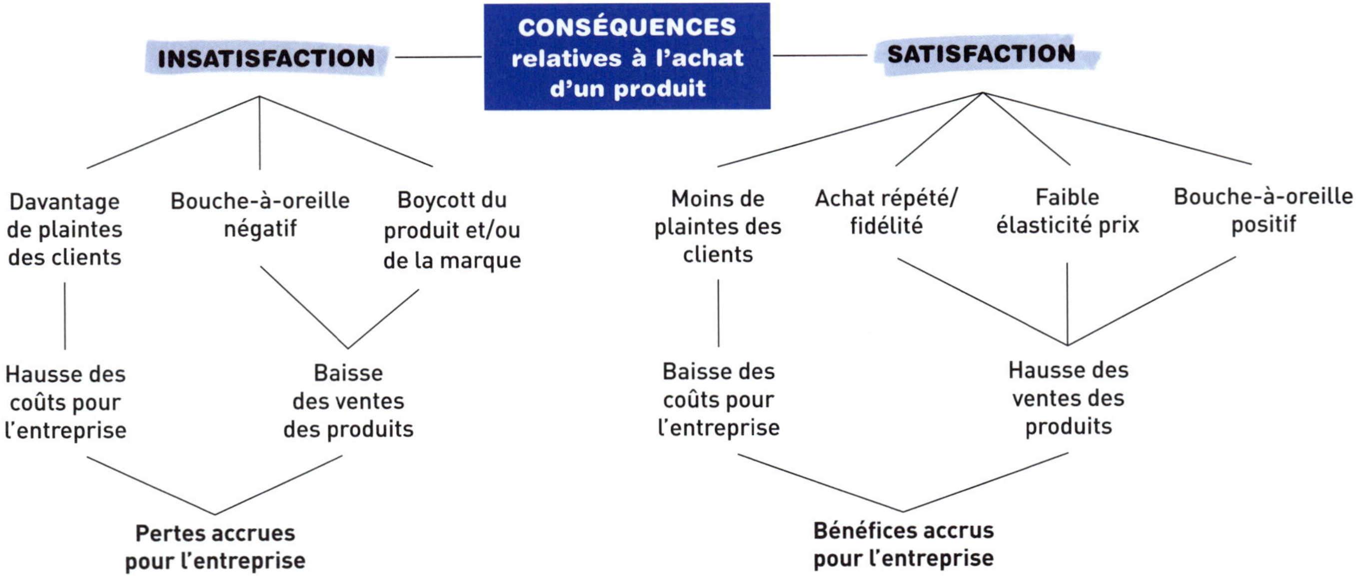

Les réactions d'une marque de crème pour le corps face à l'insatisfaction de ses clients

EXEMPLE

Les dirigeants d'une marque de crème pour le corps sont désolés. Depuis plusieurs semaines, ils remarquent que sur leurs réseaux sociaux, de plus en plus de consommateurs critiquent leurs produits. Certains vont même jusqu'à lancer des appels au boycott.

Le directeur marketing de la marque ne comprend pas ce qu'il se passe et demande à ses équipes d'évaluer et de résoudre le problème.
Voilà ce qui est mis en place :

1 Étude des perceptions des consommateurs

L'entreprise prend contact avec 20 consommateurs de la marque ayant posté des commentaires négatifs sur Instagram pour leur proposer un entretien. Les équipes marketing comprennent immédiatement que les consommateurs sont insatisfaits car les tubes de crème ne sont pas autant remplis que ce qui est indiqué sur l'emballage. Ils sont en colère et pensent que la marque est malhonnête.

2 Campagne de communication de crise

Les dirigeants et les équipes marketing décident de mettre en place une communication de crise afin :

- d'informer les consommateurs sur le problème identifié
- de les rassurer sur le fait que la marque va mettre en place une enquête pour comprendre d'où vient cet écart entre la contenance indiquée sur le tube et la contenance réelle.

3 Enquête interne et résolution du problème

Les dirigeants ont missionné une équipe pour enquêter sur le problème identifié. Après quelques jours, un rapport fait état d'une défaillance sur la chaîne de production. Et voici ce qui a été décidé en conséquence :

- réparation de la chaîne de production
- retrait du marché des tubes défectueux
- lancement d'une campagne de remboursement pour les clients insatisfaits.

schéma 74 La fidélité des consommateurs

Quand un consommateur renouvelle un achat, on dit qu'il est fidèle. Mais la fidélité ne se définit pas uniquement à travers le comportement d'achats répétés (fidélité comportementale). On peut également parler de fidélité lorsque le consommateur ressent qu'il a un lien avec le produit ou la marque (fidélité attitudinale).

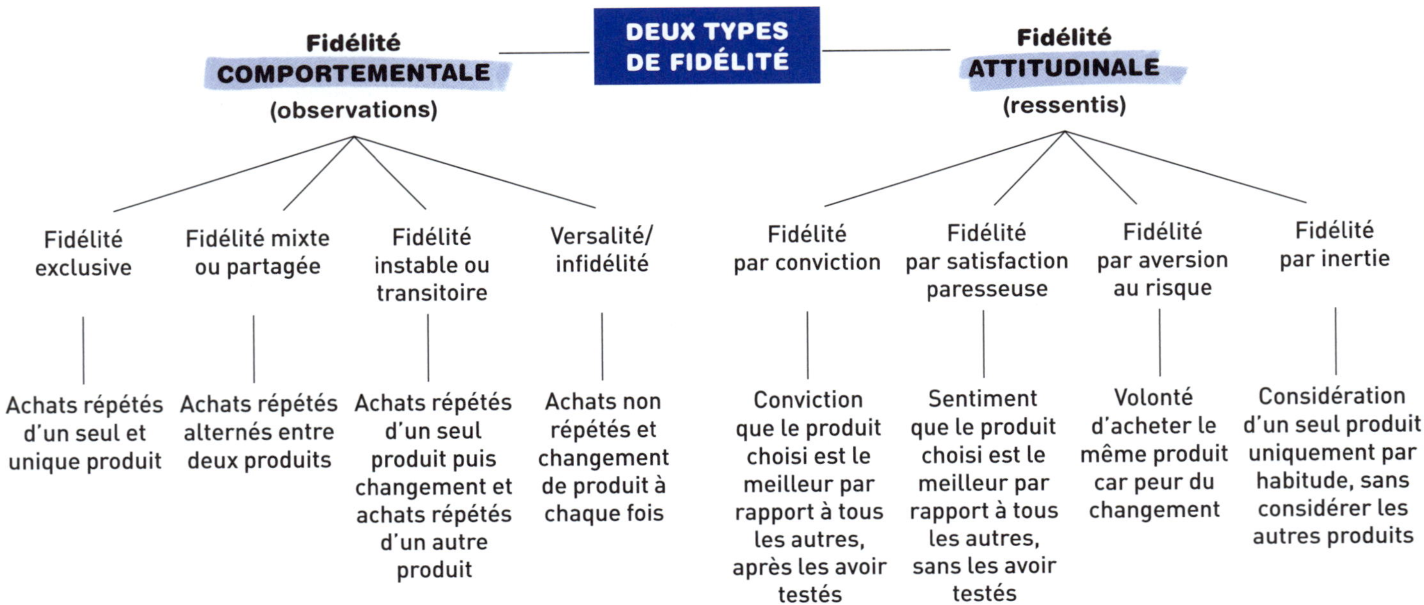

Quelques situations de fidélité des consommateurs

EXEMPLE

Situation 1

Lina, 40 ans, mère de deux enfants, fait ses courses alimentaires une fois par mois dans un hypermarché. Afin de gagner du temps, elle achète toujours les mêmes produits, les mêmes marques pour chaque catégorie de produits.

Fidélité comportementale :	Fidélité attitudinale :
EXCLUSIVE	PAR INERTIE

Situation 2

Guillaume, 80 ans, fait ses courses alimentaires dans un magasin de proximité à côté de son domicile. Il achète toujours les mêmes yaourts, les mêmes pâtes et la même marque de café. Il a peur de tester de nouveaux produits.

Fidélité comportementale :	Fidélité attitudinale :
EXCLUSIVE	PAR AVERSION AU RISQUE

Situation 3

Cloclo, 20 ans, est en collocation avec une amie. Lorsqu'elle va faire ses courses, elle n'achète jamais les mêmes produits ou les mêmes marques. Elle regarde surtout le prix des produits et achète les moins chers.

Fidélité comportementale : NULLE	Fidélité attitudinale :
(VERSATILITÉ/INFIDÉLITÉ)	NULLE

Situation 4

Matthieu, 50 ans, est un grand amateur de chocolats. Il a ainsi testé de très nombreuses marques. Parmi elles, il en a retenu une qui le comble à 100 %. Il l'achète donc maintenant tout le temps.

Fidélité comportementale :	Fidélité attitudinale :
EXCLUSIVE	PAR CONVICTION

schéma 75

Du consommateur suspect au consommateur adepte

La fidélisation est un processus dans lequel les consommateurs changent de statut dans le temps, en fonction de leurs comportements et attitudes à l'égard du produit et de l'entreprise.

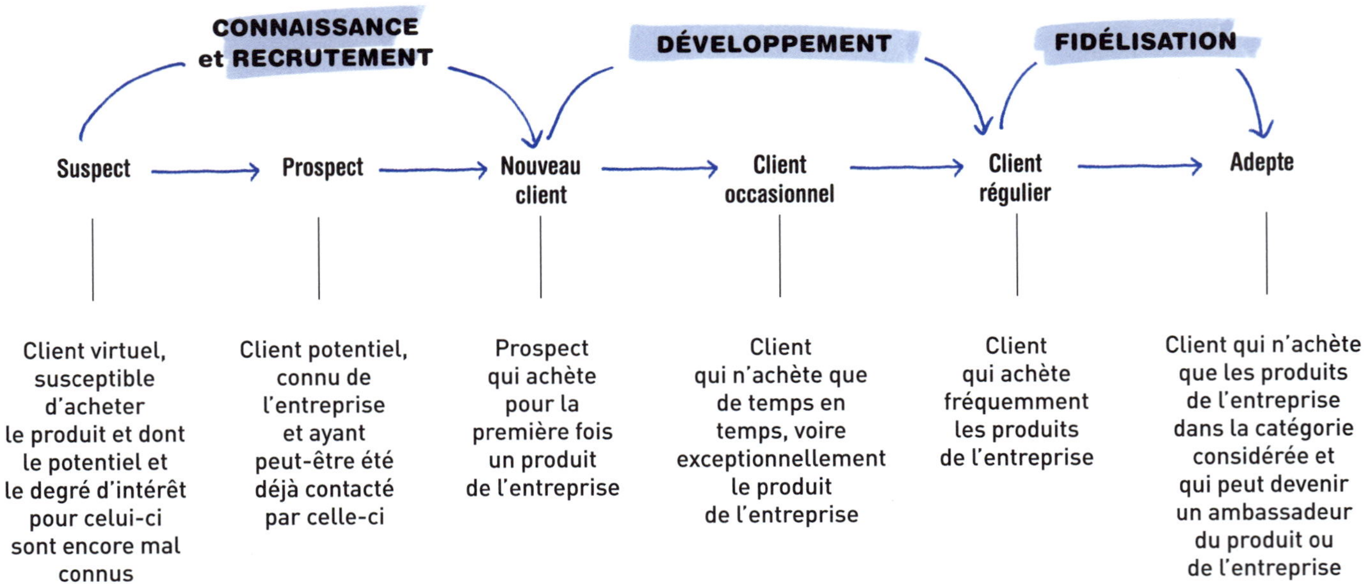

Apple et son fan-club

EXEMPLE

Les clients de la marque Apple transcendent le simple statut de fidèles pour incarner véritablement une communauté de fervents adeptes. Leur attachement dépasse largement la simple satisfaction d'un produit pour devenir une véritable passion. Ces adeptes sont particulièrement engagés et en voici quelques illustrations :

Les fans d'Apple créent des forums de discussion

Les fans de Apple sont tellement passionnés que certains ont décidé de créer, au-delà du site officiel développé par la marque elle-même, des forums et des plateformes de discussions pour permettre à la communauté d'échanger des informations et de prodiguer des conseils. Voici quelques exemples :

- Le forum MacGeneration
- Le forum MacPlanete.

Les fans d'Apple donnent leurs photos pour les publicités de la marque

Apple a une longue tradition d'utilisation des photos prises par ses clients pour enrichir ses campagnes de communication. Cette approche unique (*UGC : user generated content*) crée un lien authentique entre la marque et sa communauté. Ces photos sont des témoignages de la qualité et de la créativité que les produits Apple inspirent mais aussi et surtout des preuves du dévouement total et inconditionnel des clients envers leur marque.

Les fans d'Apple proposent des prototypes de produits à la marque

Certains fans dévoués de la marque Apple s'investissent activement dans le processus créatif de l'entreprise en envoyant régulièrement des idées novatrices, des prototypes et des propositions de campagnes de communication. Ces contributeurs passionnés deviennent ainsi presque des collaborateurs non rémunérés, offrant leur expertise et leur créativité pour enrichir l'univers d'Apple.

QUIZ Partie 3

1) Le marketing opérationnel doit être mis en œuvre de façon indépendante du marketing stratégique :

a. vrai. b. faux.

Chapitre 8 : La politique de produit

2) Dans l'offre produit, le produit générique correspond :

a. au prototype du concept produit afin de pouvoir le tester.
b. à l'avantage fondamental du produit proposé au client pour répondre à son problème ou besoin.
c. à la concrétisation de l'avantage fondamental du produit *via* les caractéristiques tangibles du produit.

3) La valeur perçue d'un produit par un consommateur peut se décomposer en :

a. valeur d'usage, valeur hédonique et valeur de signe.
b. valeur d'usage, valeur économique et valeur hédonique.
c. valeur économique, valeur hédonique et valeur de signe.

4) Si un consommateur évoque son ressenti et ses émotions après l'utilisation d'un produit, il faut référencer à sa valeur hédonique :

a. vrai. b. faux.

5) Les yaourts Petits Filou Tub's sont des yaourts pour enfants qui sont présentés sous forme de tubes en plastique. Pour manger, les enfants doivent déchirer le haut du tube, mettre le tube dans la bouche et aspirer le yaourt. Les Petits Filou Tub's se vendent dans des boîtes en carton contenant 15 tubes. À quoi correspond la boîte en carton ?

a. Elle correspond au conditionnement primaire.
b. Elle correspond au conditionnement secondaire.
c. Elle correspond au conditionnement d'expédition.

6) Si on évoque l'ergonomie d'un produit, on fait référence :

a. au design du produit.
b. au style du produit.
c. aux caractéristiques fonctionnelles du produit.

Questions 7 à 9 : considérez l'énoncé ci-dessous.

Dans les enseignes de distribution en France, la marque Nutella est constituée de deux gammes de produits : les pâtes à tartiner et les gâteaux. Au sein des pâtes à tartiner, on retrouve différents formats (200 g, 400 g, 630 g, 750 g, 800 g 825 g et 1 kg). Au sein des gâteaux, la marque a plusieurs produits : Nutella Biscuits (vendus en quatre formats différents), Nutella B-Ready (vendus en quatre formats différents), Nutella & Go (vendu sous un seul et unique format).

7) Dans la gamme pâtes à tartiner de Nutella, la largeur de gamme est égale à :

a. 1. b. 7. c. 16.

8) Dans la gamme pâtes à tartiner de Nutella, la profondeur de gamme est égale à :

a. 1. b. 7. c. 16.

9) Dans la gamme gâteaux de Nutella, la largeur de gamme est égale à :

a. 1. b. 3. c. 9.

10) Si une entreprise fait une étude auprès des consommateurs pour connaître leurs attentes afin d'améliorer un produit déjà commercialisé, on dit qu'elle utilise :
a. une stratégie de co-création.
b. une stratégie de *technology push*.
c. une stratégie de *market pull*.

11) Dans le cycle de vie du produit, lorsque l'entreprise a des coûts élevés et de faibles ventes, elle est dans la phase :
a. de lancement.
b. de croissance.
c. de maturité.

12) Dans le cycle de vie du produit, dans la phase de déclin, l'entreprise subit des pertes :
a. vrai. b. faux.

Chapitre 9 : La politique de prix

13) Dans la fixation du prix d'un produit, lorsque l'entreprise cherche à couvrir ses coûts et assurer une marge commerciale, elle doit calculer :
a. le coût de production.
b. le coût d'achat.
c. le coût de revient.

14) Lorsque l'entreprise utilise les coûts pour fixer le prix d'un produit, elle doit ajouter une marge commerciale et les taxes à appliquer (TVA) pour espérer faire des bénéfices :
a. vrai. b. faux.

15) Si les coûts pour produire un produit sont de 45 € et que l'entreprise veut faire une marque de 10 %, alors que le prix de vente hors taxe (PVHT) est de :
a. 4,50 €. b. 49,50 €. c. 55 €.

16) Le prix psychologique correspond :
a. au prix perçu comme acceptable par la plus grande proportion de consommateurs interrogés appartenant à la cible.
b. au prix perçu comme trop cher par la plus grande proportion de consommateurs interrogés appartenant à la cible.
c. au prix perçu comme ne reflétant pas la qualité du produit par la plus grande proportion de consommateurs interrogés appartenant à la cible.

17) Si une entreprise décide de vendre un produit à un prix supérieur à celui d'un produit concurrent, alors elle applique :
a. une politique d'écrémage.
b. une politique de pénétration.
c. une politique d'alignement.

18) Si une marque cherche à augmenter ses parts de marché, elle doit mener une politique prix d'alignement :
a. vrai. b. faux.

19) L'élasticité prix de la demande permet :
a. de faire augmenter la demande d'un produit peu importe si son prix augmente ou baisse.
b. de mesurer comment la demande d'un produit réagit après une variation de son prix.
c. de définir quel est le meilleur prix pour un produit dans un secteur donné.

20) En 2022, une entreprise a vendu 12 000 unités d'un produit dont le prix était de 25 €. En 2023, elle a décidé d'augmenter son prix à 26 €. Elle observe une augmentation de ses ventes (avec 12 500 produits vendus). Quelle est l'élasticité prix de la demande ?
a. L'élasticité prix est de 0,05 et est considérée comme négative.
b. L'élasticité prix est de -1,05 et est considérée comme positive.
c. L'élasticité prix est de 1,05 et est considérée comme positive.

Chapitre 10 : La politique de distribution

21) Dans la distribution, un circuit est court quand :

a. le producteur vend directement le produit au consommateur.

b. il y a un seul intermédiaire (le distributeur) entre le producteur et le consommateur.

c. il y a plusieurs intermédiaires entre le producteur et le consommateur.

22) Un artisan vend ses produits *via* la plateforme Amazon. Il s'agit :

a. d'un circuit direct.

b. d'un circuit court.

c. d'un circuit long.

23) Si une entreprise vend ses produits chez un seul revendeur (enseigne de type Sephora qui possède plusieurs magasins), on dit que la distribution est :

a. exclusive. b. sélective c. intensive.

24) Le merchandising correspond uniquement à l'implantation des rayons et des produits à l'intérieur du magasin :

a. vrai. b. faux.

25) Au-delà des objectifs de prospection, de vente et de suivi client, la force de vente a pour mission de faire remonter les informations à la direction commerciale.

a. vrai. b. faux.

26) Pour évaluer la performance de la force de vente, on peut utiliser plusieurs indicateurs dont le coût d'acquisition (CAC) qui se calcule de la façon suivante :

a. nombre de ventes du produit / nombre de tickets de caisse.

b. montant total des commandes / nombre de commandes.

c. (total des investissements en acquisition client / nombre de clients acquis) × 100.

27) Le marketing sensoriel fait partie du marketing expérientiel.

a. vrai. b. faux.

Chapitre 11 : La politique de communication

28) La communication externe correspond :

a. aux actions de communication dans des lieux extérieurs avec notamment les affichages dans la rue.

b. aux actions de communication vers ses groupes cibles de consommateurs.

c. aux actions de communication vers des groupes de consommateurs en dehors de ses groupes cibles.

29) Dans la politique de communication, la copy stratégie se situe au niveau de :

a. la stratégie de création.

b. la stratégie média.

30) Si une publicité met en avant une action promotionnelle (avec des prix réduits pour l'achat de plusieurs produits), alors son objectif est de :

a. faire connaître.

b. faire aimer.

c. faire agir.

31) Une marque de produits ménagers lance une publicité qui met en avant leur efficacité. Dans ce cas, on peut imaginer que :

a. la cible de communication est identique à la cible marketing.

b. la cible de communication est différente de la cible marketing.

32) La cible de communication répond à la question :

a. Qui va utiliser le produit ?

b. À qui l'entreprise doit s'adresser pour parler du produit ?

c. Quels sont les supports de communication à privilégier ?

33) Les réseaux sociaux font partie de :
- a. la communication média.
- b. la communication hors média.

34) Pour une campagne de communication, l'audience utile correspond :
- a. au nombre de personnes susceptibles d'être touchées par le message.
- b. au nombre de personnes effectivement touchées par le message.
- c. au nombre de personnes effectivement touchées par le message et appartenant à la cible.

Chapitre 12 : Et après la mise en vente du produit ?

35) Le modèle de disconfirmation compare :
- a. les attentes d'un consommateur vis-à-vis du produit avec la performance du produit.
- b. les attentes d'un consommateur vis-à-vis du produit avec les attentes des autres consommateurs pour ce même produit.
- c. les attentes d'un consommateur vis-à-vis du produit avec les attentes de ce même consommateur vis-à-vis d'un produit concurrent.

36) Le modèle de disconfirmation permet d'estimer le niveau de satisfaction d'un client :

a. vrai. b. faux.

37) Si un consommateur achète un même produit toutes les semaines car il craint de ne pas aimer les produits concurrents, on dit que le consommateur est :
- a. fidèle par satisfaction paresseuse.
- b. fidèle par aversion au risque.
- c. fidèle par inertie.

38) Un client potentiel, connu de l'entreprise et ayant peut-être déjà été contacté par celle-ci, est :
- a. un suspect.
- b. un prospect.
- c. un client occasionnel.

POUR ALLER PLUS LOIN, scannez le QR code pour accéder à plus de QCM !

www.lienmini.fr/413632-04

Réponses : 1/b ; 2/c ; 3/a ; 4/a ; 5/b ; 6/a ; 7/a ; 8/b ; 9/b ; 10/c ; 11/a ; 12/b ; 13/c ; 14/a ; 15/b ; 16/a ; 17/a ; 18/b ; 19/b ; 20/c ; 21/b ; 22/b ; 23/a ; 24/b ; 25/a ; 26/c ; 27/a ; 28/b ; 29/a ; 30/c ; 31/a ; 32/b ; 33/b ; 34/c ; 35/a ; 36/a ; 37/b ; 38/b

LEXIQUE Partie 3

Attribut produit : Caractéristiques physiques et/ou symboliques d'un produit.

Audience : Ensemble des personnes touchées par un média ou support de communication. Selon les supports, il peut s'agir de lecteurs, d'auditeurs, de spectateurs ou de téléspectateurs.

Cible de communication : Ensemble de personnes que l'on cherche à toucher par un programme de communication. La cible de communication répond à la question : « à qui l'entreprise doit-elle s'adresser pour parler du produit ? ».

Cible marketing : Ensemble de personnes sur lequel l'entreprise va focaliser son attention pour la création et le lancement du nouveau produit. La cible marketing répond à la question : « qui va utiliser le produit ? ».

Circuit de distribution : Ensemble des canaux de distribution impliqués dans le processus de commercialisation d'un produit (du producteur au consommateur).

Communication externe : Ensemble des actions de communication mises en œuvre à destination des publics externes à l'entreprise (consommateurs, fournisseurs, investisseurs...).

Communication hors média : Ensemble des actions de communication qui ne passent pas par les médias "traditionnels" ou dits de « masse ».

Communication interne : Ensemble des actions de communication dirigées vers les collaborateurs de l'entreprise.

Communication média : Ensemble des actions de communication qui passent par les médias "traditionnels" ou dits de « masse ».

Coût de revient : Somme des dépenses et charges permettant la production et la commercialisation d'un produit.

Cycle de vie du produit : Ensemble des phases par lesquelles passe généralement un produit, de sa conception à l'arrêt de sa production.

Élasticité prix : Indicateur avéré ou prédictif de la réaction de la demande face à une variation du prix d'un produit.

Fidélité : Attachement à un produit et/ou comportement d'achats répétés d'un même produit par un consommateur.

Fidélité attitudinale : Degré d'engagement ou d'attachement des clients et attitudes à l'égard du produit.

Fidélité comportementale : Achats répétés ou intention d'achats répétés d'un même produit par un consommateur.

Force de vente : Ensemble des vendeurs et des commerciaux en charge de la vente d'un produit.

Gamme de produits : Ensemble de produits, d'une même catégorie, proposés aux clients par une marque ou par une entreprise.

Innovation produit : Mise au point et/ou commercialisation d'un produit nouveau ou d'un produit existant mais en incorporant une nouveauté.

Largeur de gamme : Nombre de lignes de produits proposées au sein d'une gamme de produits d'une entreprise.

Ligne de produits : Ensemble de tous les produits de même nature, répondant au même usage, mais d'une manière différente.

Longueur de gamme : Nombre total de produits dans une gamme définie au sein d'une entreprise.

Marge commerciale : Différence entre le montant hors taxes des ventes de produits et le coût d'achat hors taxes des produits vendus.

Market pull : Processus d'innovation produit qui s'appuie sur les besoins ou les attentes des consommateurs avant de travailler sur les innovations *via* la recherche & développement.

Marketing direct : Ensemble des actions de communication personnalisées ou individualisées ayant pour objectif de susciter une réponse plus ou moins immédiate de la part du consommateur.

Marketing expérientiel : Ensemble des dispositifs et actions visant à faire vivre une expérience mémorable aux consommateurs.

Marketing opérationnel (ou marketing mix) : Ensemble des techniques marketing mises en œuvre sur le court/moyen terme et permettant d'atteindre les objectifs de long terme définis par la stratégie marketing.

Marketing sensoriel : Ensemble des techniques marketing visant à utiliser un ou plusieurs des cinq sens (ouïe, odorat, vue, toucher, goût) pour favoriser l'achat d'un produit et/ou son expérience d'utilisation.

Merchandising : Ensemble des techniques d'optimisation ayant trait à l'allocation des surfaces d'exposition des produits dans les points de vente et à la présentation de ces produits.

Offre produit : Proposition de produits et de services sur un marché afin de répondre à un ou plusieurs besoins.

Packaging : Ensemble des techniques de conditionnement et d'emballage d'un produit, utilisées pour mettre en valeur ce produit et de communiquer des informations aux consommateurs.

Politique de communication : Ensemble des informations, messages et autres signaux que l'entreprise décide d'émettre volontairement en direction des consommateurs ciblés.

Politique d'alignement : Politique de fixation du prix consistant à aligner le prix d'un produit sur le prix moyen des produits concurrents ou sur le prix d'un concurrent en particulier.

Politique d'écrémage : Politique de fixation du prix consistant à fixer le prix d'un produit supérieur aux prix des produits concurrents permettant de sélectionner les clients, mais également de bénéficier d'une image haut de gamme et d'augmenter les marges.

Politique de pénétration : Politique de fixation du prix consistant à fixer le prix d'un produit supérieur aux prix des produits concurrents visant à gagner des parts de marché.

Politique de distribution : Ensemble des choix de la stratégie et des canaux de distribution utilisés pour la mise en vente du produit mais également des actions commerciales mises en œuvre sur le lieu de vente.

Politique de prix : Ensemble des actions relatives à la fixation d'un prix pour un produit et aux actions promotionnelles qui y sont associées.

Politique de produit : Ensemble des actions concernant la création, l'innovation, l'adaptation des produits vendus par l'entreprise.

Portefeuille produit : Ensemble des produits proposés par une entreprise.

Prix psychologique : Prix perçu comme acceptable par la plus grande proportion de consommateurs interrogés et appartenant à la cible.

Profondeur de gamme : Nombre de produits distincts dans une ligne de produits.

Satisfaction client : Sentiment de plaisir (*vs.* déplaisir) qui naît de la comparaison entre des attentes préalables et une expérience de consommation.

Service : Prestation qui consiste en la mise à disposition d'une capacité technique ou intellectuelle, essentiellement intangible, dont ne découle pas la possession d'un objet physique.

Street marketing : Technique marketing qui utilise la rue et les lieux publics pour promouvoir un événement, un produit ou une marque.

Technology push : Processus d'innovation qui s'appuie sur le développement des technologies sans prendre en compte les besoins des consommateurs.

Valeur perçue : Perception par les consommateurs de ce qu'ils obtiennent du produit (bénéfices perçus) pour ce qu'ils donnent (coûts perçus).

Partie 4

LA MARQUE

Au-delà de l'utilisation de la démarche marketing et de ses quatre étapes (marketing des études, marketing stratégique, marketing opérationnel et contrôle) qui sont nécessaires à la création et à la vente d'un produit, la marque joue un rôle stratégique fondamental pour l'entreprise. Elle s'inscrit dans une vision à long terme et dans une approche englobante de l'ensemble des produits commercialisés.
Définir ce qu'est une marque et comprendre comment elle peut se développer dans le temps, est donc essentiel en marketing.

Chapitres

schéma 76 La naissance et le développement d'une marque

Génération de l'idée générale du concept de la marque
- Concept différent des autres marques
- Concept désirable pour les consommateurs

↓

Précision du concept de marque *via* la création de l'identité de marque
- Définition des valeurs (fonctionnelles et symboliques) émises par la marque
- Communication de l'identité de marque aux consommateurs et aux collaborateurs

↓

Stratégies de développement de la marque
- Stratégies d'extensions de marque
- Stratégies d'alliances de marques
- Stratégies d'internationalisation de marque

Chapitre 13

QU'EST-CE QU'UNE MARQUE ?

Schémas

schéma 77

La définition d'une marque

Selon la Chaire Marques & Valeurs, la marque est définie comme « une trace, un symbole, un nom, un signe ou tout autre attribut qui a pour fonction de repérer et distinguer les produits et les services d'une organisation. Plus globalement, la marque est un objet social défini par un système de valeurs qui apporte du sens à différents acteurs sociaux (consommateurs, citoyens, salariés, acteurs financiers, etc.). » La marque a donc trois principaux rôles.

TROIS PRINCIPAUX RÔLES DE LA MARQUE

IDENTIFICATION des produits grâce aux signaux de la marque (nom, logo)
- Gage d'authenticité des produits
- Gage de qualité des produits

DIFFÉRENCIATION des produits par rapport à ceux des concurrents
- Différenciation basée sur des éléments tangibles (fonctionnalités des produits)
- Différenciation basée sur des éléments symboliques (discours entourant le produit)

CRÉATION DE SENS pour les différents acteurs sociaux grâce à un système de valeurs symboliques
- Sens donné à la consommation de produits pour les consommateurs
- Sens donné au travail pour les employés de la marque
- Sens donné aux investissements pour les acteurs financiers

Les jeux de logos quiz

EXEMPLE

Les jeux sur les logos des marques se multiplient. Certains sont virtuels (*via* des applications sur les tablettes ou téléphones), d'autres sont des jeux de société avec plateaux et jetons. Leur but est le même : faire deviner les noms de centaines de marques de différentes entreprises grâce à la représentation totale ou partielle des logos.

Ces jeux s'appuient sur la fonction d'identification des marques. Ils s'attachent également à mesurer le taux de notoriété assistée des marques, c'est-à-dire le pourcentage de personnes qui reconnaissent la marque présentée *via* son logo.

Logo Quiz : devinez le logo (application)

schéma 78 Les fonctions de la marque pour les consommateurs

La marque guide les consommateurs dans leurs décisions d'achat. Selon les types de produits considérés, elle pourra revêtir plusieurs fonctions.

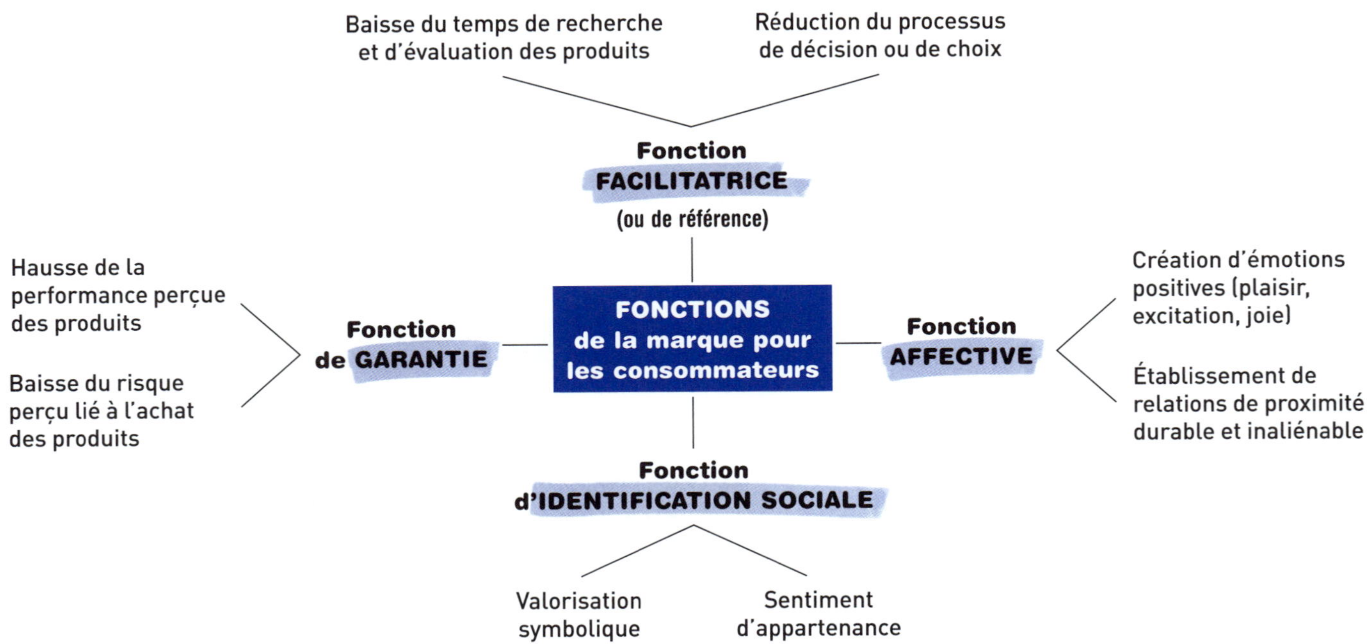

Types de produits et fonctions de marque

EXEMPLE

Fonction de GARANTIE

Élodie est la jeune maman de Rose, trois mois. Pour l'alimentation de sa fille, Élodie a choisi la marque de lait Gallia. À ses yeux, cette marque incarne la sécurité et lui offre la tranquillité d'esprit nécessaire pour garantir que son bébé bénéficie d'un lait parfaitement adapté, sans le moindre risque.

Fonction FACILITATRICE

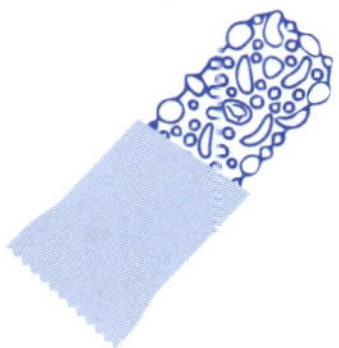

Pierre est le papa d'un garçon de six ans. Comme chaque semaine, lorsqu'il va au supermarché pour faire les courses, il se dirige vers le rayon des biscuits et recherche, pour le goûter de son fils, la marque Granola afin de gagner du temps dans son processus de choix.

Fonction d'IDENTIFICATION SOCIALE

patagonia

Émilie s'intéresse à la protection de l'environnement depuis de nombreuses années. Pour sa consommation de vêtements, elle se tourne vers la marque Patagonia, reconnue pour son engagement social et environnemental.

Fonction AFFECTIVE

Caroline perçoit la marque Cartier comme génératrice d'émotions positives très fortes. Il s'agit de la marque de sa bague de fiançailles. C'est également un bijou de la marque Cartier que son mari lui a offert après la naissance de leur enfant.

schéma 79 Les fonctions de la marque pour les entreprises

Si la marque occupe une place fondamentale pour les consommateurs, elle est également très utile pour les entreprises à travers trois principaux éléments : son pouvoir commercial, sa valeur financière et l'attractivité qu'elle donne à l'entreprise.

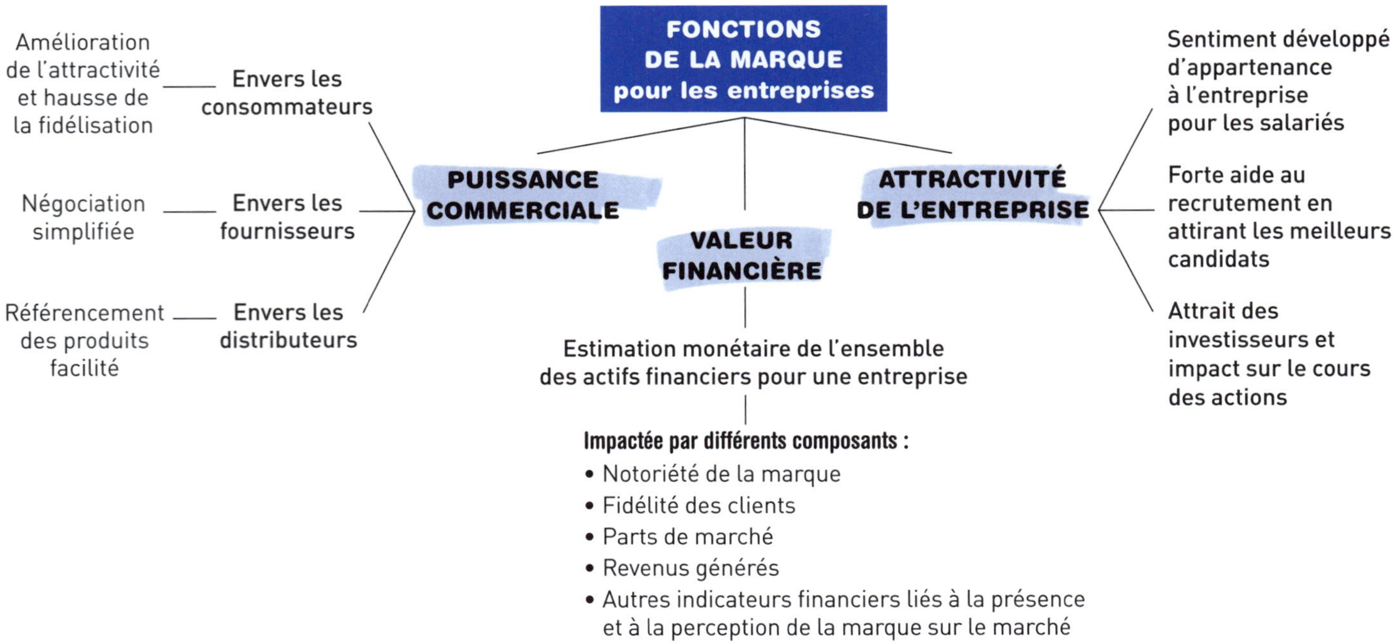

Classement des marques les plus fortes

EXEMPLE

Plusieurs associations et cabinets sont spécialisés dans l'évaluation financière des marques. Le plus connu est certainement le classement Interbrand qui publie chaque année le top 100 des marques les plus fortes dans le monde.

Top 10 mondial en 2023 (valeur des marques en milliards de dollars)

Rang	Marque	Valeur
1	Apple	502,680
2	Microsoft	316,659
3	Amazon	276,929
4	Google	260,260
5	Samsung	91,407
6	Toyota	64,504
7	Mercedes-Benz	61,414
8	Coca-Cola	58,046
9	Nike	53,773
10	BMW	51,157

10 premières marques françaises dans le top 100 mondial 2023 (valeur des marques en milliards de dollars)

Rang	Marque	Valeur
1	Louis Vuitton	46,543
2	Chanel	31,007
3	Hermès	30,190
4	Axa	16,401
5	L'Oréal *Paris*	13,638
6	Cartier	9,868
7	Dior	9,665
8	Danone	9,152
9	Hennessy	6,447
10	Sephora	6,329

Source : site Internet Interbrand

schéma 80 L'identité de marque

Pour guider les actions de la marque (ex : le développement produit, les stratégies de communication ou les alliances de marques), il est nécessaire de définir son identité. Celle-ci correspond à l'ensemble des valeurs ou associations émises et maintenues dans le temps par la marque.

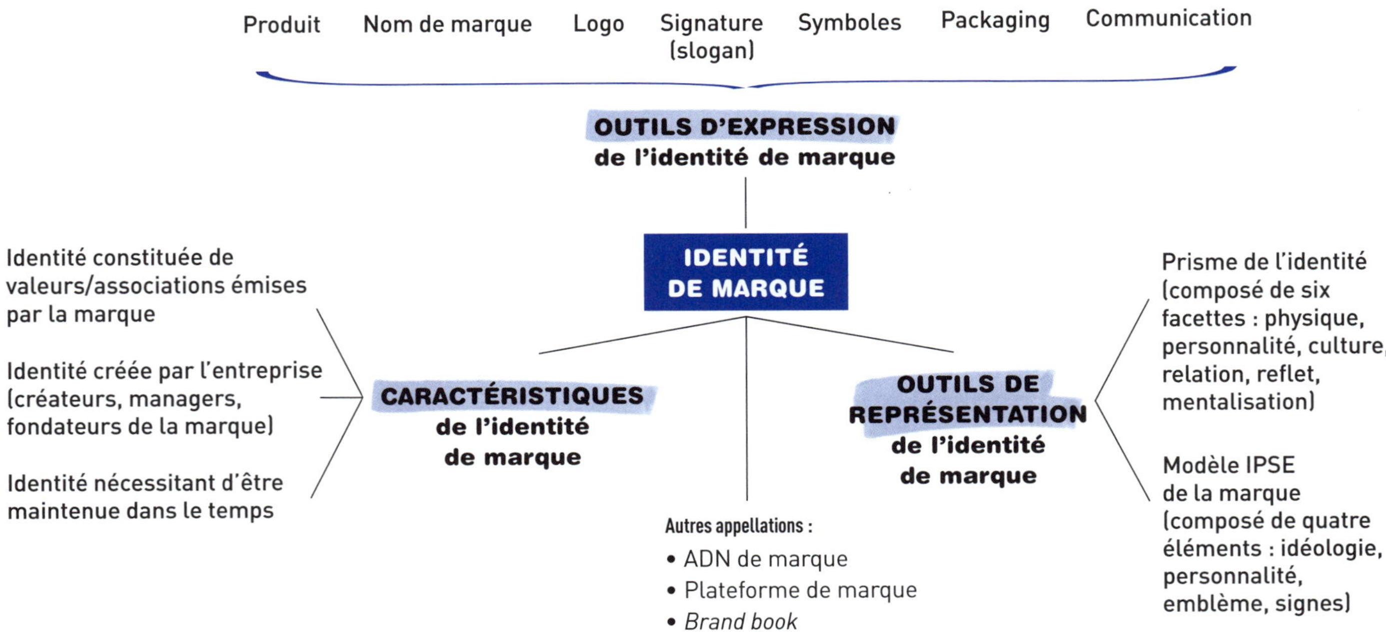

Identité de la marque Nesquik *via* l'utilisation du prisme de l'identité

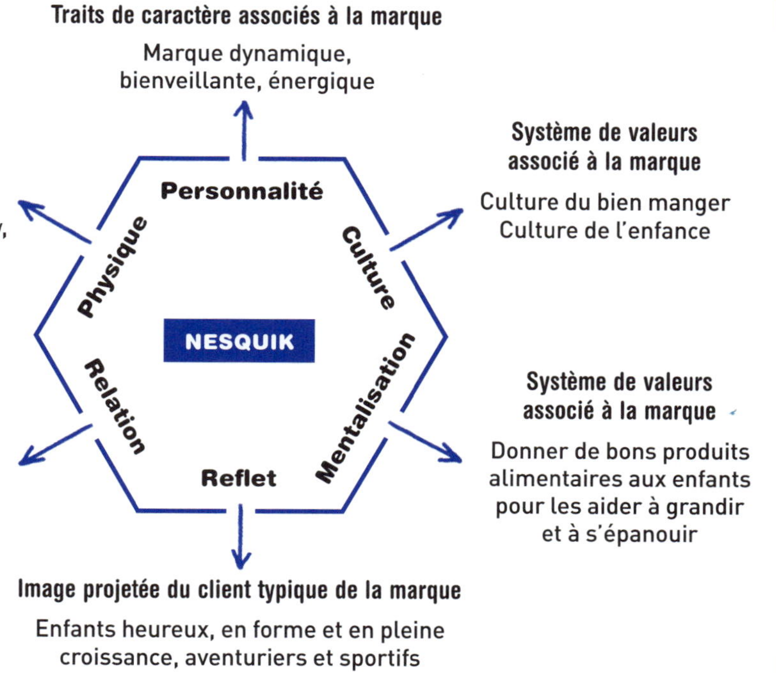

schéma 81

L'image de marque

Si l'identité guide les actions de la marque, l'image sert, quant à elle, à étudier ce que pensent les consommateurs de celle-ci. *Via* des études qualitatives et quantitatives auprès des consommateurs ciblés par la marque, l'objectif est d'identifier et de comprendre quelles sont les perceptions des individus, appelées également associations perçues.

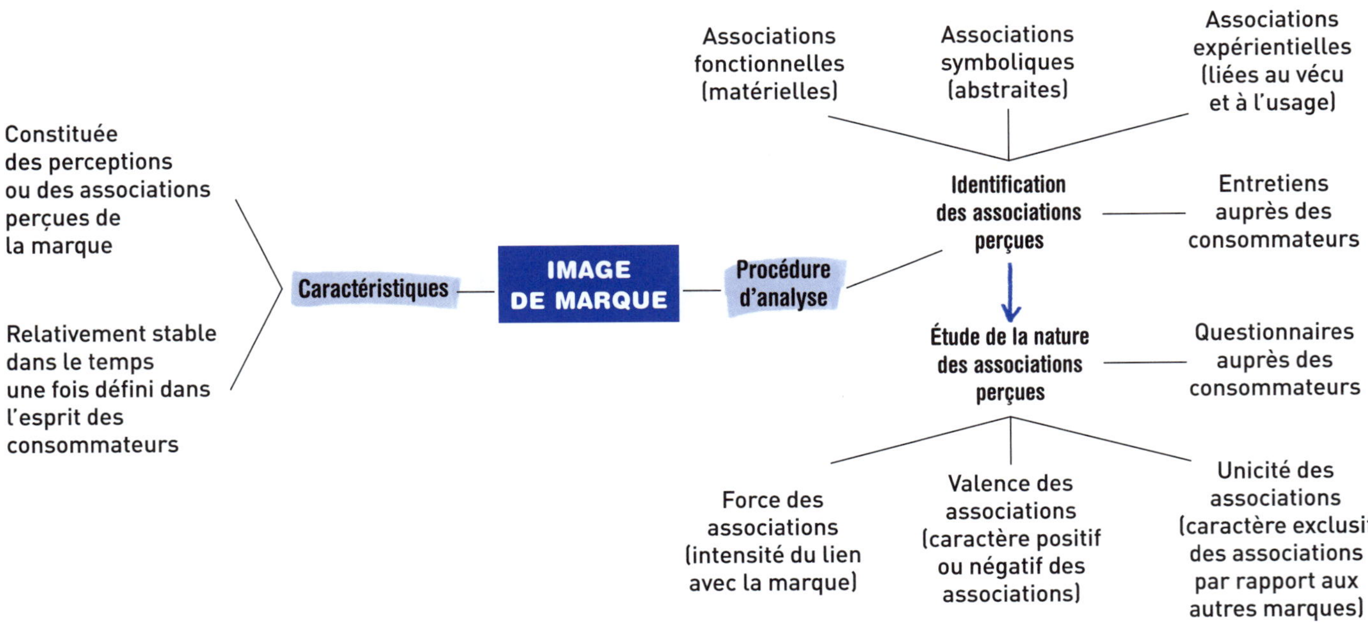

Étude de l'image de la marque Nesquik

EXEMPLE

Pour analyser l'image de la marque Nesquik, 20 entretiens ont été menés auprès de parents d'enfants âgés de quatre à dix ans. Lors de chaque entretien, des questions ouvertes ont été posées aux parents :

- Que pensez-vous de la marque Nesquik ?
- Que représente pour vous la marque Nesquik ?
- Quelles sont les images que vous associez à la marque Nesquik ?

Des relances ont été faites pour mieux comprendre les réponses des parents et approfondir leurs pensées. Les réponses des parents ont été enregistrées et retranscrites.

➡ **Par la suite, une analyse de contenu a été réalisée pour discerner les associations les plus prédominantes dans les pensées des personnes interrogées. Ces associations ont ensuite été classifiées en fonction de leur nature fonctionnelle, symbolique ou expérientielle.**

Associations FONCTIONNELLES	Associations SYMBOLIQUES	Associations EXPÉRIENTIELLES
↓	↓	↓
Poudre chocolatée Boîtes jaunes Lapin Quicky	Joyeuse Saine Amusante	Plaisir des enfants Petit-déjeuner

schéma 82

La différence entre l'identité de marque et l'image de marque

L'identité de marque et l'image de marque sont deux concepts distincts mais qui sont liés. L'identité de marque est créée par l'entreprise. Elle est ensuite diffusée aux consommateurs à travers sa communication, ses produits et l'ensemble des autres outils d'expression de celle-ci. Après avoir été en présence de la marque, les consommateurs pourront se former leur propre image de marque, c'est-à-dire leurs perceptions ou opinions à propos de la marque.

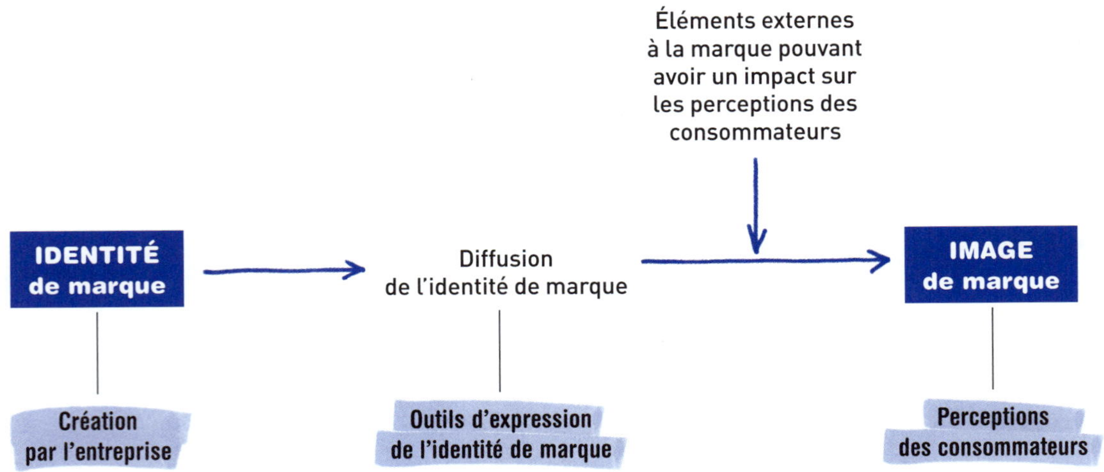

Comparaison de l'identité de marque et l'image de marque

EXEMPLE

Situation 1

L'image de marque est sensiblement identique à l'identité de marque

↓

Interprétation :
La marque a sans doute diffusé les bons signaux en termes de communication et aucun élément extérieur n'est venu perturber les perceptions des consommateurs.

Situation 2

L'image de marque est légèrement différente de l'identité de marque

↓

Interprétation :
La marque a globalement communiqué les bons signaux. Toutefois, la diffusion de l'identité de marque pourrait être améliorée. La marque doit être vigilante lors des prochaines campagnes de communication. Il faut également prêter attention aux éléments externes qui sont peut-être également la cause de ce léger décalage.

Situation 3

L'image de marque est très différente de l'identité de marque

↓

Interprétation :
Au-delà d'éventuels problèmes liés à des éléments externes, la marque a sans doute fait de mauvais choix lors de la diffusion de l'identité de marque. Il s'agit d'un signal d'alerte important, indiquant la nécessité pour la marque de rectifier sa communication lors des prochaines campagnes.

schéma 83 La marque et sa gestion à long terme

La marque représente un élément stratégique essentiel pour toute entreprise. Sa gestion doit être envisagée à long terme, en adoptant une approche axée sur la cohérence et la continuité. Cela implique que la marque demeure constante au fil du temps, tout en évoluant de manière à intégrer des nouveautés en accord avec les attentes des consommateurs, ainsi qu'en harmonie avec les évolutions de la société, des technologies et de l'environnement.

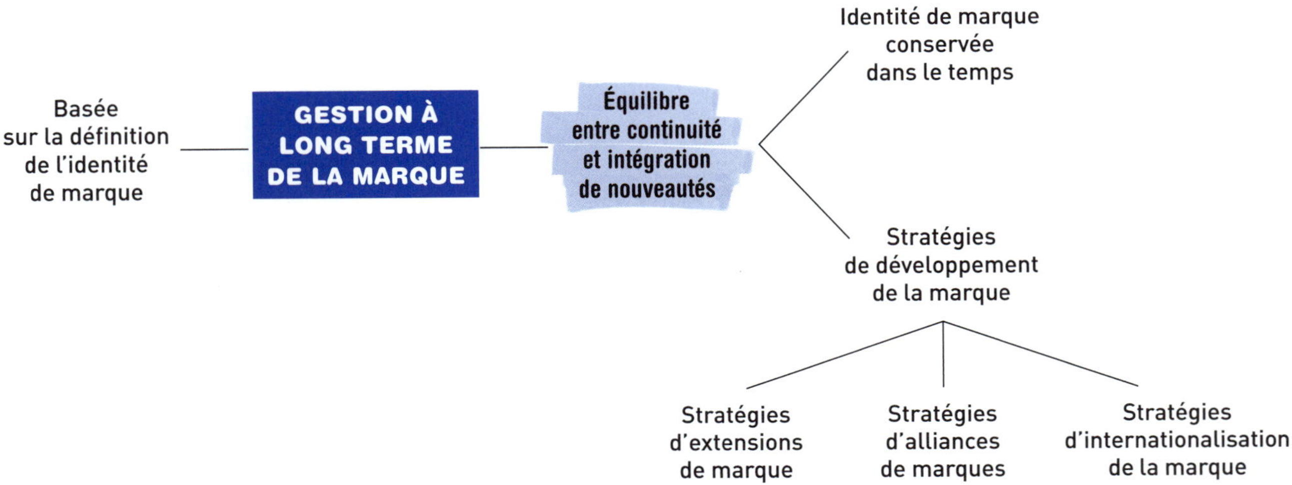

La gestion à long terme de la marque Geox

EXEMPLE

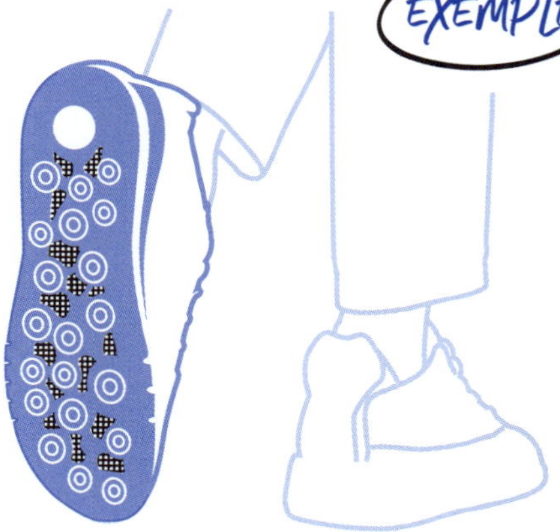

La marque Geox a été fondée en 1995 par Mario Moretti Polegato, un entrepreneur italien passionné de chaussures.
Son idée ingénieuse et innovante est de créer des chaussures qui limitent la transpiration en perçant des trous dans les semelles.
Et depuis le jour de sa création jusqu'à aujourd'hui, la marque Geox est restée sur la même ligne directrice, tout en se développant.

COMMENT ?

En valorisant encore et toujours le concept de la lutte contre la transpiration *via* :

Une communication mettant toujours en avant son identité : Geox souligne ses valeurs en montrant des visuels où l'air circule à travers ses produits. L'innovation technologique reste au centre de la plupart des campagnes de communication, mais la marque fait également appel à des célébrités du cinéma comme Penélope Cruz pour montrer que les produits sont également élégants et raffinés.

Le lancement de nouveaux produits (stratégies d'extensions de marque) : après les chaussures qui respirent, Geox s'est également lancée dans les vêtements antitranspirants. La marque maintient sa promesse initiale tout en la transposant à d'autres catégories, que cela soit pour les femmes, les hommes ou les enfants.

Chapitre 14

LES STRATÉGIES D'EXTENSION DE MARQUE

Schémas

schéma 84 Panorama des stratégies d'extension de marque

Pour se développer, la marque peut décider de lancer de nouveaux produits ou de nouveaux services. Il existe deux grandes catégories d'extension : les extensions de gamme et les extensions de marque.

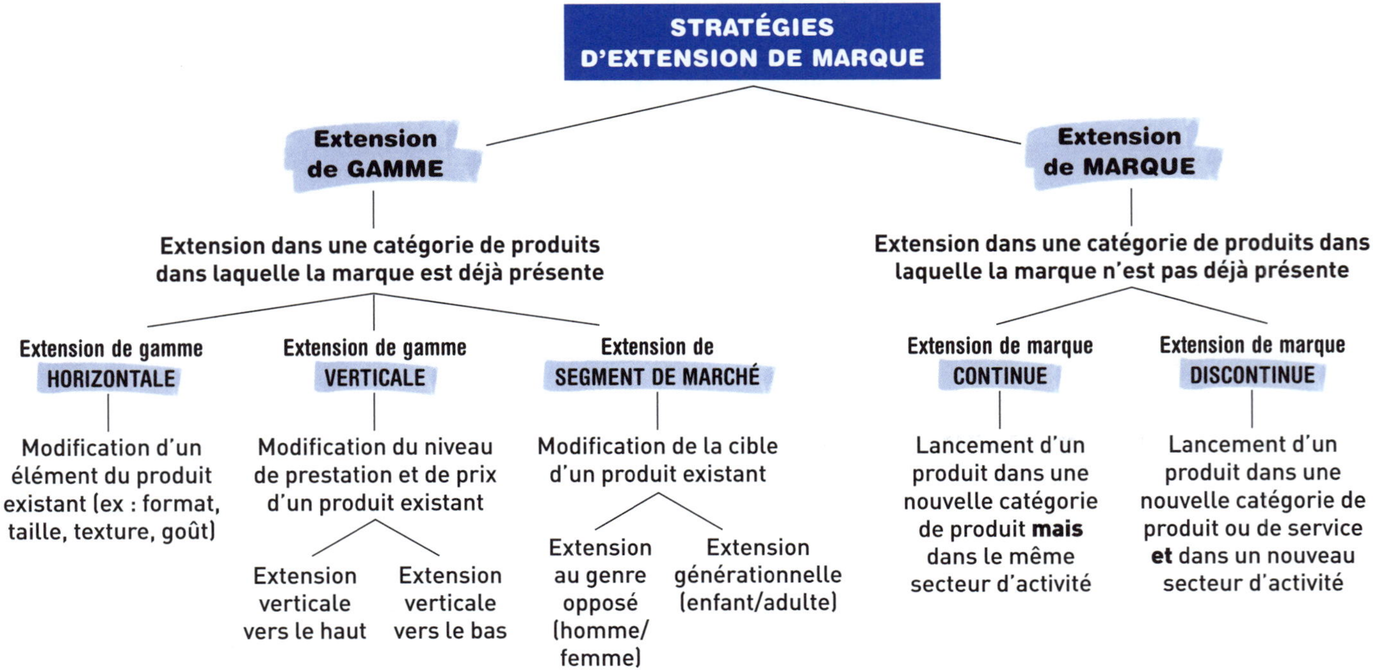

Quelques stratégies d'extension dans le secteur du luxe

EXEMPLE

Extension de gamme HORIZONTALE →	La marque **Lancôme** lance son parfum « La vie est belle » en 2001. Ce parfum est complété très rapidement par des extensions de gamme proposant plusieurs déclinaisons de senteurs : « La vie est belle intensément », « La vie est belle soleil cristal », « La vie est belle en rose ».
Extension de gamme VERTICALE →	La montre « Panthère » (modèle classique en or) de la marque **Cartier** est vendue entre 10 000 € et 20 000 €. La maison de joaillerie propose également une version pavée de diamants aux alentours de 100 000 € (extension vers le haut) et une version en acier à environ 5 000 € (extension vers le bas).
Extension de SEGMENT DE MARCHÉ →	À sa création en 1946, la marque **Dior** confectionnait uniquement des vêtements pour les femmes. En 1967, la maison de luxe crée Baby Dior (extension générationnelle) et en 1969, elle lance une ligne de vêtements dédiés aux hommes (extension au genre opposé).
Extension de marque CONTINUE →	À sa création en 1854, la marque **Louis Vuitton** fabriquait uniquement des malles de voyage (en toile enduite et en cuir). La maison de luxe décide d'étendre son activité en créant un produit différent des malles mais qui reste dans le même secteur d'activité (la maroquinerie) et lance en 1930 son premier modèle de sac (le « Keepall ») (extension de marque continue).
Extension de marque DISCONTINUE →	**Yves Saint Laurent** est une marque de couture qui a procédé à un grand nombre d'extensions de marque discontinues en sortant de son secteur d'activités initial, comme avec les parfums et produits de maquillage (secteur de la cosmétique), les bijoux (secteur de la joaillerie) ou encore les sacs et chaussures (secteur de la maroquinerie).

schéma 85 Les extensions de gamme

Les extensions de gamme consistent à utiliser une marque existante pour lancer une variante produit sur un marché où la marque est déjà présente. Trois principales catégories d'extensions de gamme existent, chacune présentant des avantages, des risques et des facteurs clés de succès distincts.

Extensions de GAMME

Extension de gamme HORIZONTALE

Avantage
Réponse peu coûteuse aux attentes diversifiées des consommateurs

Risque
Faible nombre de ventes du produit, sans autre répercussion

Facteurs clés de succès
Connaissance pointue des attentes des consommateurs

Extension de segment DE MARCHÉ

Avantage
Élargissement de la cible (aux femmes ou hommes, aux adultes ou enfants)

Risque
Dilution de l'image de marque

Facteurs clés de succès
Cohérence avec les valeurs de l'identité de la marque

Extension de gamme VERTICALE

Avantage
Élargissement de la cible (à des consommateurs ayant un pouvoir d'achat plus ou moins élevé)

Risque
Dilution de l'image de marque

Facteurs clés de succès
- Respect du positionnement prix de la marque
- Différenciation claire du nouveau produit

Et si... Zara vendait un pull à 250 € ?
... et Chanel un pull à 250 € ?

EXEMPLE

ZARA

Un pull Zara pour femme coûte en moyenne 49 € (sachant que les pulls les moins chers sont vendus environ 29 € et les plus chers environ 100 €).

Que penseraient les consommatrices de la marque si Zara vendait un pull pour les femmes à 250 € ? Souhaiteraient-elles acheter ce pull ?

Pour essayer de répondre à ces questions, 10 consommatrices appartenant à la cible ont été interrogées.

Voici leurs réactions :

« C'est ridicule pour du Zara ! » ; « C'est beaucoup trop cher » ; « Zara n'est pas une marque qui peut vendre un pull à 250 € ».

Ces réponses soulignent que :

- La marque Zara n'est pas légitime à proposer un pull à 250 €.
- L'extension de gamme verticale (vers le haut) ne respecte pas le positionnement prix de la marque.

CHANEL

Imaginons maintenant que la marque Chanel lance un pull à 250 € alors qu'en moyenne les pulls pour femme vendus par la marque de luxe coûtent en moyenne 4 500 €.

Que penseraient les consommatrices de la marque Chanel ?

Tout comme pour le cas de Zara, 10 consommatrices de luxe ont été interrogées.

Voici leurs réactions :

« C'est impossible ! » ; « Quelle erreur de la part de Chanel ; cela dégrade la marque » ; « C'est n'importe quoi ! Une marque de luxe ne peut pas vendre un pull à ce prix ».

Ces réponses soulignent que :

- La marque Chanel verrait son image se diluer si elle proposait un pull à 250 €.
- L'extension de gamme verticale (vers le bas) ne respecte pas le positionnement prix de la marque.

schéma 86

Les extensions de marque

Les extensions de marque consistent à utiliser une marque existante pour lancer de nouveaux produits dans des catégories où la marque n'est pas déjà présente. Il est possible de faire la distinction entre une extension de marque continue (produit différent mais dans le même secteur d'activité) et une extension de marque discontinue (produit différent dans un nouveau secteur d'activité). Cependant, les avantages, les risques et les facteurs clés de succès sont identiques.

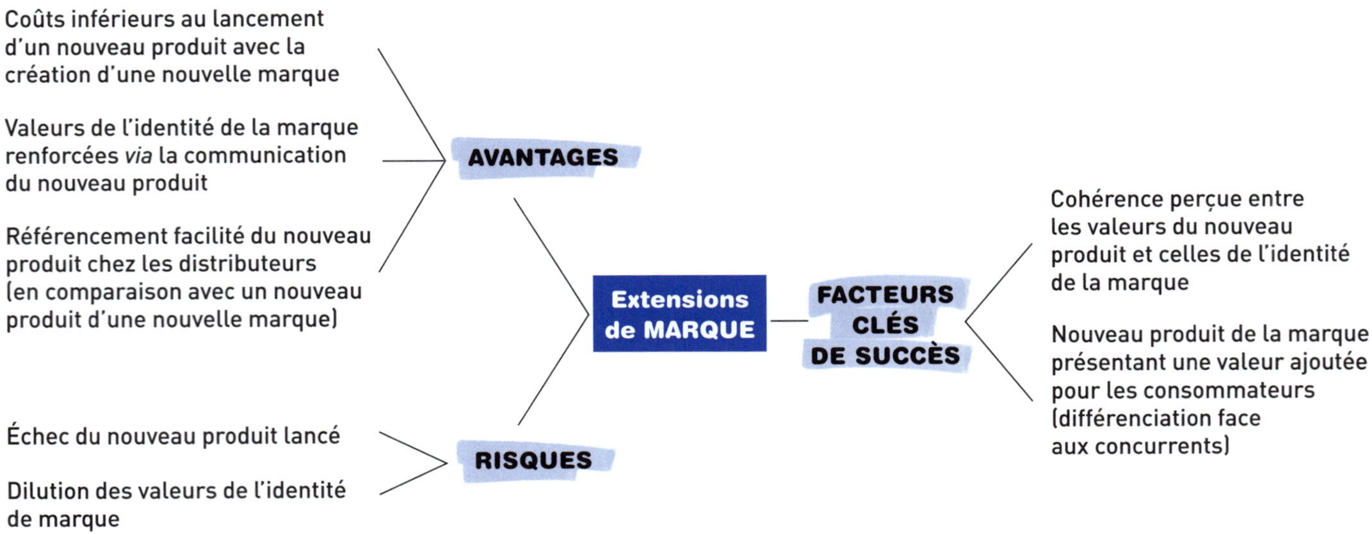

Les extensions de marque de Maisons du Monde

EXEMPLE

Maisons du Monde est créée en 1996 à Brest.
La marque est née de la volonté de proposer des produits originaux et inspirants pour aménager et décorer les intérieurs.
Depuis, la marque s'est développée et a procédé à plusieurs extensions de marque :

MAISONS DU MONDE

Exemple d'extensions de marque continues

Matelas & coussins

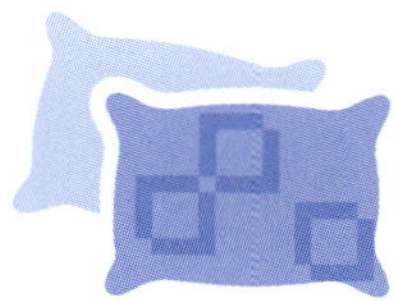

Produits dans des catégories différentes que les meubles et produits de décoration mais restant dans le même secteur d'activité : celui de la maison

Exemple d'extensions de marque discontinues

Maisons du Monde Hôtel & Suites

Services dans des catégories différentes que les meubles et les produits de décoration et dans un autre secteur d'activité (l'hôtellerie)

Chapitre 15

LES STRATÉGIES D'ALLIANCES DE MARQUES

Schémas

schéma 87 Panorama des stratégies d'alliances de marques

Pour se développer, une marque peut décider de s'associer à une ou plusieurs marques sur une durée limitée. Les alliances entre marques peuvent revêtir diverses formes, selon qu'elles portent sur le produit (co-branding) ou non (co-communication).

Quelques stratégies d'alliances de marques

EXEMPLE

CO-BRANDING

Co-branding fonctionnel

HÄAGEN-DAZS × PIERRE HERMÉ

→ Création d'une nouvelle glace (Häagen-Dazs) au goût macaron (Pierre Hermé)

Co-branding symbolique

PERRIER × PHILIPPE STARCK

→ Design d'une nouvelle bouteille Perrier en édition limitée

CO-COMMUNICATION

Publicité jointe

BRANDT × SKIP

→ Publicité commune dans laquelle Brandt recommande la marque Skip pour laver les vêtements

Promotion couplée

CARGLASS × KÄRCHER

→ Promotion dans laquelle un lave-glace électrique est offert pour l'achat ou la réparation d'un pare-brise

schéma 88

Le co-branding

Le co-branding correspond à la collaboration entre deux ou plusieurs marques qui implique la co-définition du produit et la cosignature du produit par les marques partenaires. Le co-branding distingue la marque accueil (déjà présente dans la catégorie de produits) et la marque invitée (non présente initialement dans la catégorie de produits).

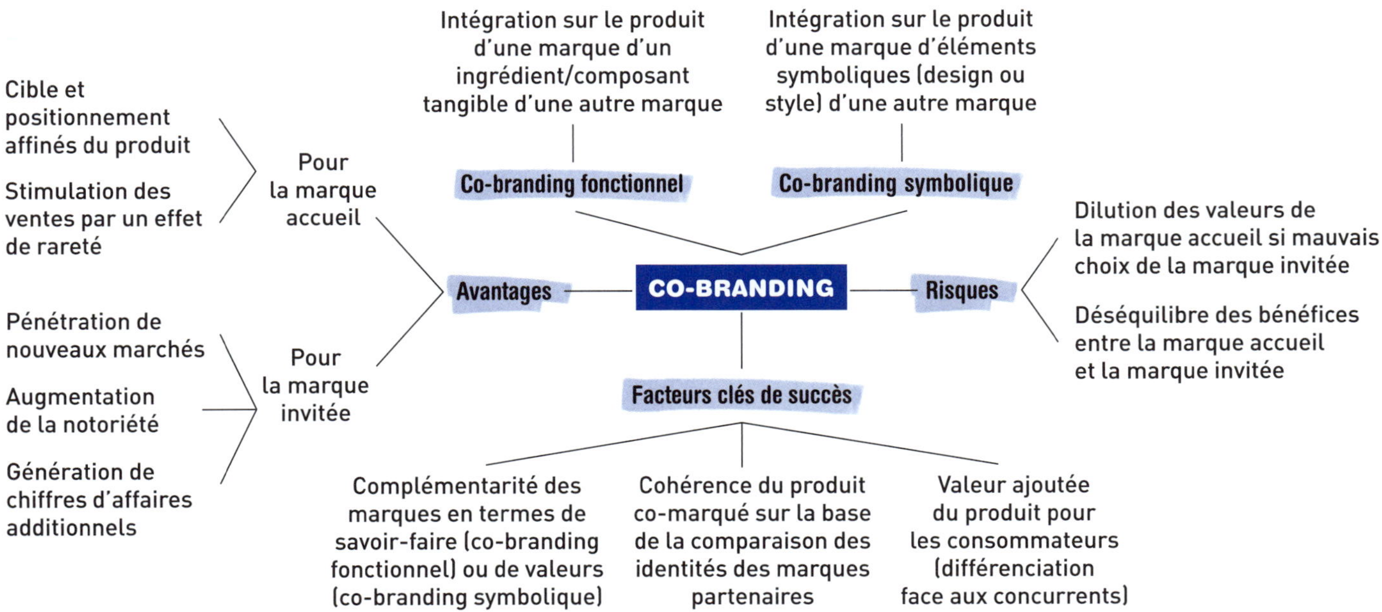

Analyse du co-branding entre Oral-B et Hollywood

EXEMPLE

L'alliance de marque entre Oral-B et Hollywood a donné naissance à un chewing-gum qui protège les dents.
Il s'agit d'un **co-branding** fonctionnel.
La **marque accueil** est Hollywood car elle est déjà sur le marché des chewing-gums.
La **marque invitée** est Oral-B car elle n'est pas initialement sur le marché des chewing-gums.

L'analyse de ce co-branding passe par trois éléments :

1	**La complémentarité des marques et de leur savoir-faire** →	Les marques Hollywood et Oral-B sont complémentaires car elles possèdent chacune un savoir-faire utile et nécessaire pour développer le produit final. Hollywood est spécialiste des chewing-gums et Oral-B apporte son expertise dans la protection dentaire.
2	**La cohérence du produit co-marqué** →	Les valeurs des identités des marques partenaires sont cohérentes. Hollywood et Oral-B mettent toutes les deux en avant la fraîcheur même si elle est appréhendée différemment selon chaque marque. Il s'agit de la « fraîcheur de vivre » pour Hollywood reflétant la liberté et la joie de vivre et « la fraîcheur buccale » pour Oral-B soulignant la santé des dents.
3	**La valeur ajoutée pour les consommateurs** →	Le produit co-marqué est différent des produits concurrents. Il est novateur dans le sens où il apporte un nouveau et réel bénéfice pour les consommateurs.

➡ **La collaboration entre Hollywood et Oral-B répond positivement aux trois facteurs clés de succès.**

schéma **89**

La co-communication

La co-communication correspond à la collaboration entre deux ou plusieurs marques pour concevoir une campagne de communication (publicité jointe) ou de promotion commune (promotion couplée). Dans ce type d'alliances, aucune modification du produit n'est réalisée, que cela soit au niveau fonctionnel ou symbolique.

Carglass et ses promotions couplées successives

EXEMPLE

La marque Carglass a mis en place un système de promotions couplées successives.

À chaque réparation ou remplacement de pare-brise, la marque offre un cadeau à ses clients.

Ce cadeau (produits Kärcher, Carte Total Wash ou abonnement à l'application Coyote) dépend de la période de transaction et permet d'accroître l'intérêt pour la marque et d'augmenter la satisfaction des consommateurs.

Chapitre 16

LES STRATÉGIES D'INTERNATIONALISATION DES MARQUES

Schémas

schéma 90

Les différentes formules d'implantation d'une marque à l'international

Lorsqu'une marque décide de vendre ses produits dans un pays étranger pour poursuivre son développement, plusieurs formules d'implantations, plus ou moins coûteuses et risquées, s'offrent à elle. On distingue ainsi les formes légères d'internationalisation et les formes lourdes d'internationalisation.

Formules d'implantation À L'INTERNATIONAL

- **FORMES LÉGÈRES d'internationalisation** (investissements et risques faibles)
  - **EXPORTATION**
    - Ventes des produits directement à quelques magasins dans le pays sélectionné
    - Accords avec un ou plusieurs distributeurs ou agents commerciaux dans le pays sélectionné
  - **CESSION DE LICENCE ou FRANCHISE**
    - Accord avec une entreprise du pays sélectionné du droit de fabriquer et de vendre des produits dont l'entreprise détient les brevets, la marque et/ou le savoir-faire
- **FORMES LOURDES d'internationalisation** (investissements et risques importants)
  - **FILIALE À 100 %**
    - Création d'une structure de production et/ou de commercialisation dans le pays d'implantation dont la totalité des investissements et des risques est supportée par l'entreprise mère (dans le pays d'origine)
  - **PARTENARIAT ou *JOINT-VENTURE***
    - Association avec une entreprise du pays sélectionné pour créer une filiale commune qui gérera la production et/ou la commercialisation des produits

Extrait d'article de presse

" La *joint-venture*, une alternative pour s'implanter à l'étranger ? Le cas de la Chine "

EXEMPLE

Publié le 13 avril 2019 sur le site Internet *Les Échos Solutions*

Pénétrer des marchés complexes ou fermés

" La *joint-venture* se montre particulièrement intéressante pour toute entreprise étrangère souhaitant s'implanter dans un pays réputé complexe. C'est le cas par exemple des marchés intérieurs relativement fermés, comme la Chine.

D'ailleurs, la *joint-venture* est parfois un passage obligé. En effet, dans certains pays, une entreprise dont le capital est entièrement détenu par des étrangers ne peut accéder au marché domestique. L'Iran ou encore l'Inde imposent cette contrainte, inscrite dans la loi. Réaliser une *joint-venture* avec un partenaire local permet de contourner tous ces obstacles, tout en respectant la loi en vigueur.

Jusqu'à récemment, le gouvernement chinois réservait par exemple certains secteurs jugés stratégiques ou sensibles exclusivement aux entreprises chinoises ou aux *joint-ventures*. Toutefois, les lois actuelles régissant les investissements étrangers dans le cadre de *joint-ventures* seront supprimées à partir du 1er janvier 2020. La nouvelle loi sur l'investissement étranger (FIL) devrait garantir l'égalité de traitement entre les investisseurs nationaux et étrangers. "

schéma 91 Standardisation *vs.* Adaptation

L'internationalisation des marques s'articule autour de deux théories principales : d'un côté, celle qui préconise la standardisation de la marque et de ses produits à l'échelle mondiale, et de l'autre, celle qui insiste sur leur adaptation nécessaire et incontournable. Bien que, dans la plupart des situations, les marques optent pour un compromis entre standardisation et adaptation, il demeure essentiel de comprendre les facteurs qui influent sur ces choix.

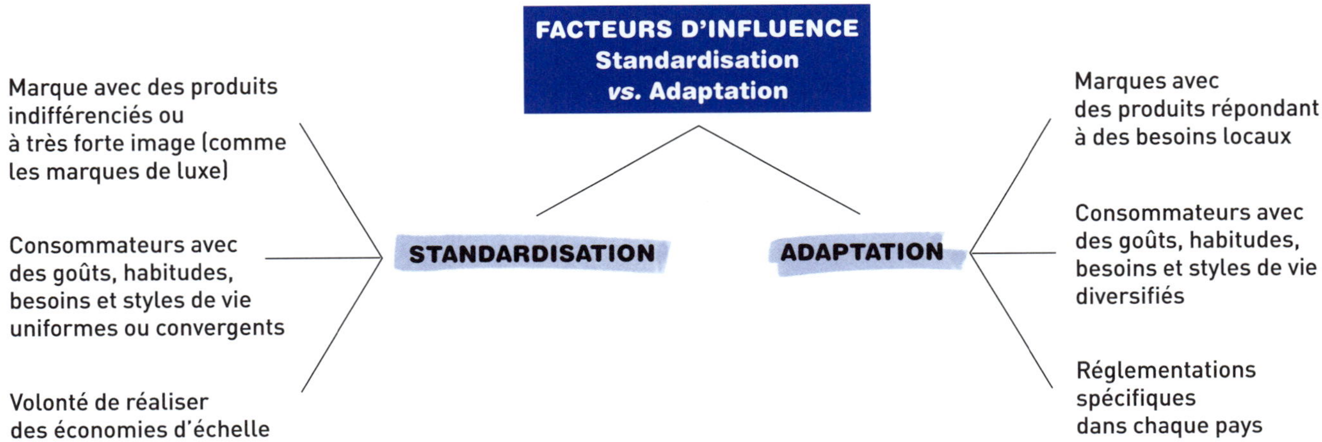

Analyse des avantages et des risques de l'internationalisation d'une marque de gâteau selon l'approche choisie

EXEMPLE

Laurent et Mélodie, les créateurs d'une entreprise française de gâteaux au chocolat souhaitent internationaliser leur marque au Japon. Lors d'une réunion de travail avec les équipes commerciales et marketing, ils proposent à leurs collaborateurs de discuter des deux approches possibles (la standardisation et l'adaptation) en énonçant pour chacune les avantages et les risques.

En voici une synthèse :

STANDARDISATION

Avantage
Importantes économies d'échelle liées à la non-modification des gâteaux (hormis un travail de traduction) et de l'ensemble des stratégies de la marque

Risque
Gâteaux pas assez adaptés aux attentes des consommateurs japonais entraînant un nombre faible de ventes

ADAPTATION

Avantage
Bonne acceptation du produit et de la marque qui ont subi des modifications pour être davantage en lien avec les besoins/attentes des consommateurs japonais

Risque
Frais (financiers et temporels) importants liés aux modifications apportées sur le produit et la marque

➡ **À la clôture de la réunion, Laurent, Mélodie et leurs collaborateurs, parviennent à la conclusion que chacune des options envisagées individuellement n'est pas satisfaisante. Il apparaît clairement qu'un compromis entre adaptation et standardisation se présente comme la solution idéale pour maximiser les avantages tout en réduisant au minimum les risques.**

schéma 92 Les stratégies d'internationalisation des marques

Prenant en compte les avantages et les risques de la standardisation (également appelée globalisation) et de l'adaptation locale, quatre grandes stratégies d'internationalisation peuvent être utilisées par les marques. Le choix de la stratégie à adopter dépendra des objectifs de l'entreprise mais aussi de son marché et des pays dans lesquels elle souhaite s'internationaliser.

Quelques marques à l'international selon leur stratégie

EXEMPLE

QUIZ Partie 4

Chapitre 13 : Qu'est-ce qu'une marque ?

1) Pour les consommateurs, une marque peut endosser les quatre fonctions suivantes :

a. fonction de garantie, fonction de domination, fonction affective, fonction facilitatrice.
b. fonction de garantie, fonction d'identification sociale, fonction affective, fonction facilitatrice.
c. fonction de garantie, fonction d'identification sociale, fonction affective, fonction régulatrice.

2) Pour le consommateur, la fonction de garantie de la marque permet aux consommateurs d'être remboursés si le produit est défectueux :

a. vrai. b. faux.

3) L'identité de marque correspond :

a. à l'ensemble des valeurs émises par la marque.
b. à l'ensemble des valeurs perçues par les consommateurs.

4) L'identité de marque est un concept qui doit être géré :

a. à court terme. b. à moyen terme. c. à long terme.

5) L'image d'une marque se définit en étudiant :

a. les perceptions des consommateurs *via* des études qualitatives et quantitatives.
b. les campagnes de communication de la marque depuis plusieurs années.
c. les types de produits vendus par la marque.

6) Gérer une marque à long terme revient à :

a. maintenir une totale continuité dans le temps.
b. lancer uniquement des nouveautés sans maintenir la continuité.
c. maintenir une continuité dans le temps tout en intégrant des nouveautés.

Chapitre 14 : Les stratégies d'extension de marques

7) Si une marque de maillots de bain pour femmes décide de se lancer dans les maillots pour hommes, il s'agit :

a. d'une extension de gamme horizontale.
b. d'une extension de gamme verticale.
c. d'une extension au genre opposé.

8) Si une marque de maillots de bain pour femmes décide de se lancer dans la lingerie pour femmes, il s'agit :

a. d'une extension de gamme horizontale.
b. d'une extension de marque continue.
c. d'une extension de marque discontinue.

9) Si une marque de maillots de bain pour femmes décide de se lancer dans le mobilier de piscine, il s'agit :

a. d'une extension de gamme horizontale.
b. d'une extension de marque continue.
c. d'une extension de marque discontinue.

10) Si une marque de maillots de bain pour femmes décide de lancer des maillots de bain en grande partie sur-mesure pour femmes, il s'agit :

a. d'une extension de gamme horizontale.
b. d'une extension de gamme verticale.
c. d'une extension de gamme de segment de marché.

11) Les facteurs clés de succès sont identiques pour les tous les types d'extensions de gamme (horizontales, verticales, de segments de marché) :

a. vrai. b. faux.

12) Les facteurs clés de succès sont identiques pour les deux types d'extensions de marque (continues et discontinues) :

a. vrai. b. faux.

Chapitre 15 : Les stratégies d'alliances de marques

13) La co-branding correspond à :

a. la collaboration, entre deux ou plusieurs marques, fondée sur la co-définition du produit et sa co-dénomination.
b. la collaboration, entre deux ou plusieurs marques, fondée sur la co-définition du produit et non nécessairement sa co-dénomination.

14) Si une marque d'appareil photo collabore avec une marque de mode pour femme pour lancer une gamme de produits au design plus féminin, il s'agit :

a. d'un co-branding fonctionnel. b. d'un co-branding symbolique.
c. d'une co-communication.

15) Si une marque d'appareil photo collabore avec une marque de verres optiques pour lancer une gamme de produits permettant une amélioration de la netteté des photographies, il s'agit :

a. d'un co-branding fonctionnel. b. d'un co-branding symbolique.
c. d'une co-communication.

16) Dans un co-branding fonctionnel, la marque invitée :

a. apporte à la marque accueil des informations pour améliorer le produit.
b. apporte à la marque accueil des ingrédients/composants tangibles pour améliorer le produit.
c. apporte à la marque accueil des éléments intangibles pour améliorer le produit.

17) La collaboration entre deux marques pour concevoir une campagne de communication se nomme :

a. une co-création.
b. une publicité solidaire.
c. une publicité jointe.

18) Les facteurs clés de succès d'un co-branding fonctionnel sont :

a. la complémentarité des marques en termes de savoir-faire, la cohérence du produit co-marqué et la valeur ajoutée pour les consommateurs.
b. la complémentarité des marques en termes de valeurs, la cohérence du produit co-marqué et la valeur ajoutée pour les consommateurs.

Chapitre 16 : Les stratégies d'internationalisation des marques

19) Le partenariat ou joint-venture correspond :

a. à une forme légère d'internationalisation d'une marque.
b. à une forme lourde d'internationalisation d'une marque.

20) Lorsqu'une marque choisit une stratégie marketing locale et un marketing opérationnel à la fois global et local pour son internationalisation, il s'agit d'un :

a. marketing global.
b. marketing glocal.
c. marketing local.

POUR ALLER PLUS LOIN, scannez le QR code pour accéder à plus de QCM !

www.lienmini.fr/413632-05

Réponses : 1/b ; 2/b ; 3/a ; 4/c ; 5/a ; 6/c ; 7/c ; 8/b ; 9/c ; 10/b ; 11/b ; 12/a ; 13/a ; 14/b ; 15/a ; 16/b ; 17/c ; 18/a ; 19/b ; 20/b

LEXIQUE Partie 4

Adaptation : Stratégie de marketing international consistant pour une entreprise à proposer un produit adapté aux spécificités locales des pays dans lesquels elle s'implante.

Associations de marque : Connaissances exprimées sous forme de mots, catégories, notions, concepts, images que les individus associent à une marque.

Co-branding : Collaboration, entre deux ou plusieurs marques, qui implique la co-définition du produit au niveau fonctionnel ou symbolique et la cosignature du produit par les marques partenaires.

Co-communication : Collaboration, entre deux ou plusieurs marques, qui implique la co-réalisation d'une campagne de communication (publicité jointe) ou de promotion commune (promotion couplée).

Exportation : Action de vendre à l'étranger une partie de la production de biens ou de services.

Extension de gamme : Utilisation d'une marque existante pour lancer une variante produit dans une catégorie de produits où la marque est déjà présente.

Extension de marque : Utilisation d'une marque existante pour lancer de nouveaux produits dans une catégorie de produits où la marque n'est pas déjà présente.

Filiale : Société jouissant d'une personnalité juridique mais dirigée ou contrôlée par une société mère.

Franchise : Contrat établi dans lequel le franchiseur transmet un savoir-faire, des signes distinctifs (enseigne et marque), une formation et une assistance technique et/ou commerciale au franchisé.

Identité de marque : Ensemble des valeurs ou associations émises par la marque et devant être maintenues dans le temps.

Image de marque : Ensemble des perceptions relatives à une marque, reflétées par les associations retenues dans la mémoire des consommateurs.

***Joint-venture* (ou coentreprise)** : Accord passé entre deux ou plusieurs entreprises qui acceptent de poursuivre ensemble un but précis pour une durée limitée.

Licence de marque : Contrat d'affiliation (ou de location) entre un concédant, c'est-à-dire l'enseigne, et un licencié, à savoir un entrepreneur.

Marque : Trace, symbole, nom, signe ou tout autre attribut qui a pour fonction de repérer et distinguer les produits et les services d'une organisation. Plus globalement, la marque est un objet social défini par un système de valeurs qui apporte du sens à différents acteurs sociaux (consommateurs, citoyens, salariés, acteurs financiers, etc.) (Source : Chaire Marques & Valeurs).

Standardisation : Stratégie de marketing international consistant pour une entreprise à proposer un produit aux caractéristiques identiques dans différents pays, pour répondre à des besoins homogènes.

POUR ALLER PLUS LOIN...

Partie 5

Le domaine du marketing est en constante évolution, influencé par les avancées technologiques et les prises de conscience croissantes en matière d'écologie et de responsabilité sociale. Dans ce contexte dynamique, il devient impératif d'ajuster, de modifier et d'améliorer en permanence les procédures et les concepts fondamentaux du marketing. De nouveaux outils voient également le jour afin de mieux répondre aux défis émergents auxquels les entreprises font face.

Par ailleurs, le marketing nécessite une adaptation constante aux contextes dans lesquels il opère. Ce ne sont pas exclusivement les entreprises de produits qui ont recours à la démarche marketing et à ses outils. D'autres secteurs tels que les services, le sport, la santé, la culture et bien d'autres sont également concernés, entraînant des ajustements significatifs dans la conceptualisation et la mise en œuvre des stratégies marketing.

Chapitres

Chapitre 17

LES NOUVEAUX DÉFIS DU MARKETING

Schémas

schéma 93 Le marketing face aux évolutions technologiques

Les progrès dans le domaine technologique s'accélèrent, fournissant aux entreprises une panoplie constamment élargie d'outils novateurs. Ces outils visent, d'une part, à améliorer les offres et l'expérience des consommateurs, et d'autre part, à perfectionner, voire transformer, les procédures au sein des organisations. Cependant, bien que ces avancées soient prometteuses, elles s'accompagnent de risques nécessitant une vigilance particulière.

ÉVOLUTIONS TECHNOLOGIQUES

RÉALITÉ VIRTUELLE

Objectifs

Permettre une meilleure interaction avec les produits et proposer des expériences immersives avec la marque

Point d'alerte

Faire face à des consommateurs réticents et peu sensibles aux expériences virtuelles

MARKETING DIGITAL

Objectifs

Faciliter le processus de consommation des individus tout en leur proposant de nouvelles expériences

Point d'alerte

Maintenir le contact physique entre consommateurs et entreprise (créatrice de valeur)

BIG DATA

Objectifs

Collecter et analyser un très grand nombre de données plus facilement

Point d'alerte

Trier et analyser les données tout en respectant la vie privée des consommateurs

INTELLIGENCE ARTIFICIELLE

Objectifs

- Mieux comprendre les attentes des consommateurs
- Améliorer l'expérience de consommation
- Automatiser des tâches répétitives

Point d'alerte

Coupler les avantages de l'IA avec la réflexion humaine des équipes marketing

L'utilisation des nouvelles technologies dans les boutiques de mode pour créer des expériences immersives

EXEMPLE

Pour conserver l'attrait de la vente en physique (par opposition au e-commerce), les boutiques de mode réfléchissent à la façon de proposer des expériences immersives en magasin qui attirent les clients, les satisfassent et les fidélisent. Les nouvelles technologies sont de plus en plus utilisées dans ce contexte :

Cabines d'essayage interactives

↓

Intégrer la technologie de réalité augmentée (AR) dans les cabines d'essayage permet aux clients d'essayer virtuellement différents vêtements, tailles et styles sans avoir à les enfiler physiquement, offrant ainsi une expérience d'achat plus pratique et personnalisée.

Technologie de réalité virtuelle (VR)

↓

Les magasins de mode peuvent utiliser la réalité virtuelle pour créer des expériences immersives uniques, telles que des visites virtuelles des coulisses des défilés de mode, des voyages virtuels dans les centres de production ou des séances de shopping virtuelles dans des lieux emblématiques du monde entier.

Éclairage intelligent

↓

Les systèmes d'éclairage intelligents peuvent être utilisés pour créer des ambiances variées dans le magasin, en fonction des saisons, des collections ou même de l'humeur. Des jeux de lumière dynamiques peuvent également être synchronisés avec de la musique pour créer une atmosphère plus immersive et théâtrale.

schéma 94 Le marketing face aux évolutions de l'environnement

Dérèglement climatique, réchauffement climatique, catastrophes naturelles... Les entreprises ne peuvent plus fermer les yeux sur l'importance d'être plus respectueux de l'environnement et sur la nécessité de proposer des produits plus écologiques. Cette tendance des entreprises s'apparente au marketing vert ou écologique.

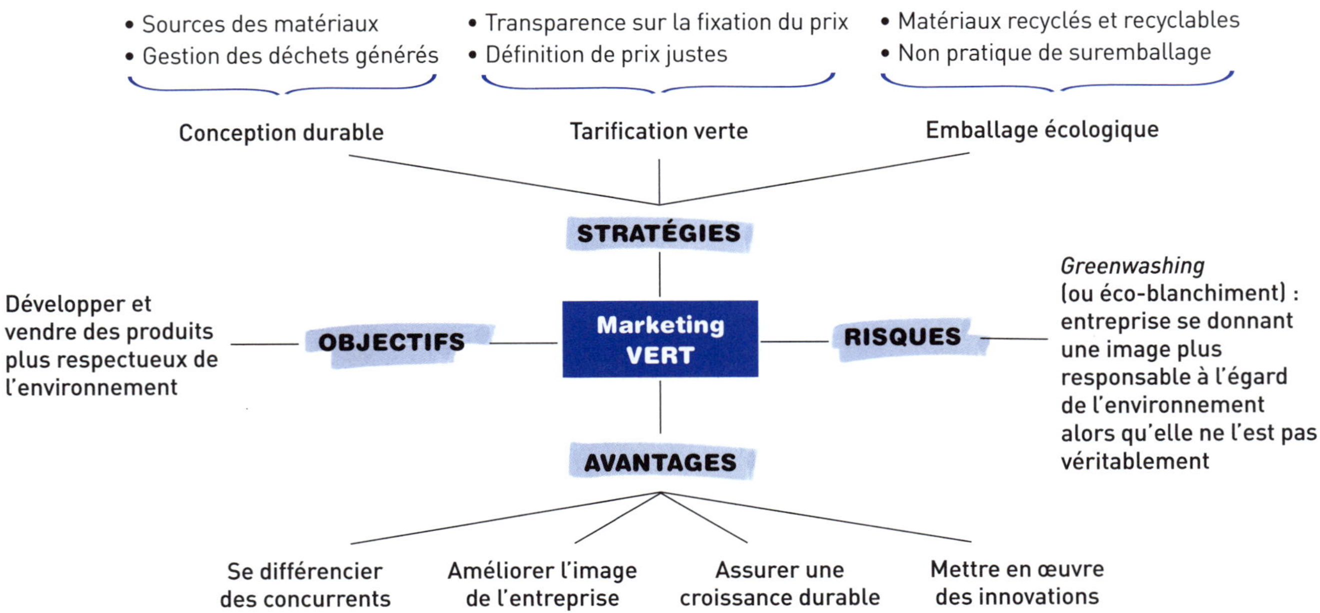

La transparence affichée des couches écologiques Joone

EXEMPLE

Transparence sur **LA COMPOSITION DES COUCHES**

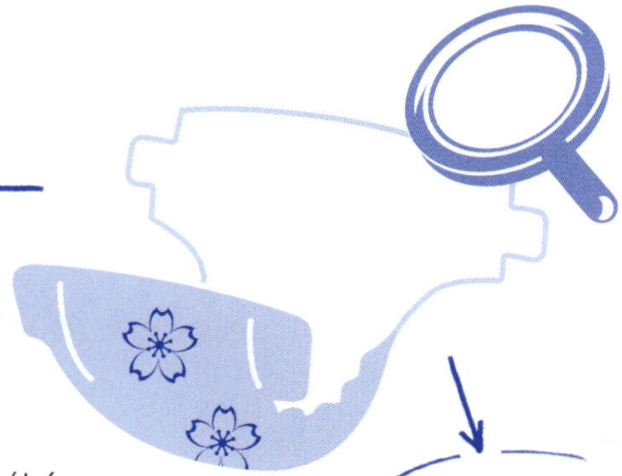

Transparence sur **LA PROVENANCE DES PRODUITS**

#1 UNE COMPOSITION SAINE

Parce que vous cherchez le meilleur pour le bien-être de vos bébés, nous fabriquons nos couches avec la plus grande **transparence**.

Fabriquées en France avec un minimum de 41 %* de matières d'origine naturelles, nos couches iconiques sont **non blanchies au chlore** et certifiées FSC.

Vous voulez être rassurés ?

Chaque saison,
la composition de nos couches est analysée.

Cliquez ici pour découvrir nos dernières analyses.

Source: site de Joone

D'où viennent nos produits ?

Nous avons à cœur de vous proposer des produits traçables d'une grande qualité. C'est pourquoi il est capital pour nous de travailler avec des artisans et PME aux savoir-faire reconnus. Nous sommes fiers de mettre en avant ces talents de nos régions.

schéma 95 Le marketing face aux évolutions de la société

Au-delà de leur engagement en faveur de la protection de l'environnement, les entreprises, dans une perspective de plus en plus étendue, s'impliquent dans les problématiques sociétales, à travers ce que l'on désigne communément sous le terme de marketing social. Cette approche englobe des préoccupations variées, allant de la santé et du bien-être individuel à des enjeux plus globaux touchant l'ensemble de la société.

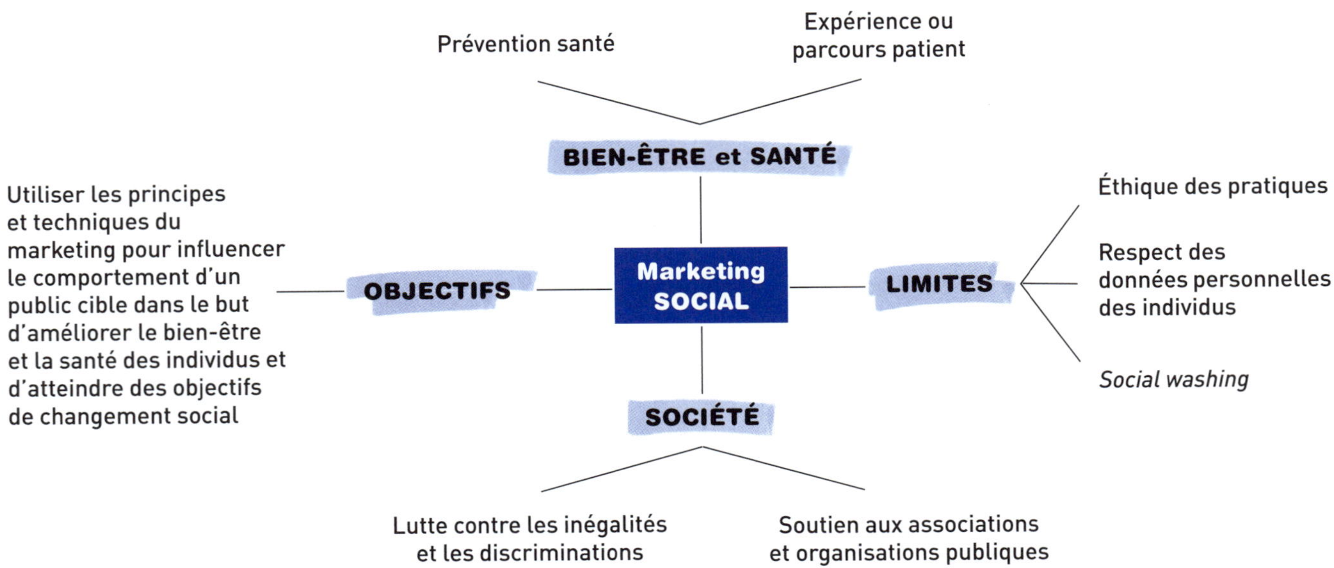

Quelques marques engagées

EXEMPLE

KINDER

marque engagée AUPRÈS DES ENFANTS

« Chez Kinder, nous avons toujours voulu procurer des petits moments de joie aux enfants et à leurs familles partout dans le monde. Depuis plus de 15 ans, Kinder s'engage à apporter de la joie aux enfants, y compris en bougeant, en encourageant leur tendance naturelle à être actif, à bouger et à jouer, en défendant la conviction forte qu'un enfant heureux aujourd'hui sera un adulte épanoui demain. L'année dernière, le projet Kinder *Joy of moving* a impliqué 2,6 millions d'enfants et leurs familles dans 28 pays du monde entier à travers de nombreuses activités inspirées d'une méthode pédagogique innovante et scientifiquement reconnue. »

Source : Site Internet Kinder

DOVE

marque engagée POUR LA VRAIE BEAUTÉ

« Parce nous croyons que la beauté doit être source de confiance et non d'anxiété, Dove encourage les femmes à donner la meilleure image d'elles-mêmes. Ceci est notre credo depuis 60 ans. Nous réitérons cet engagement à travers trois vœux :

1) Nous présentons toujours des vraies femmes, pas des mannequins.
2) Nous montrons les femmes telles qu'elles sont dans la vraie vie.
3) Nous aidons les filles à renforcer la confiance qu'elles ont en leur corps et leur estime d'elles-mêmes. »

Source : Site Internet Dove

CLAIREFONTAINE

marque engagée CONTRE LE HARCÈLEMENT

« En 2022, Clairefontaine a lancé un grand mouvement de libération de la parole sur les réseaux sociaux en France avec le #HashtagRouge
(...)
Avec cette campagne, Clairefontaine a pour objectif de redonner la parole aux victimes, aux témoins, aux enseignants, mais également à d'anciens harceleurs. »

Source : Site Internet Clairefontaine

Chapitre 18

LE MARKETING AU-DELÀ DES PRODUITS DE GRANDE CONSOMMATION

Schémas

schéma 96

Le marketing des services

Le marketing n'est pas une discipline utilisée uniquement par les entreprises qui vendent des produits. Il concerne également celles qui proposent des services aux consommateurs. Du fait des spécificités d'un service, et bien que la démarche marketing reste globalement identique, des modifications dans son opérationnalisation sont nécessaires.

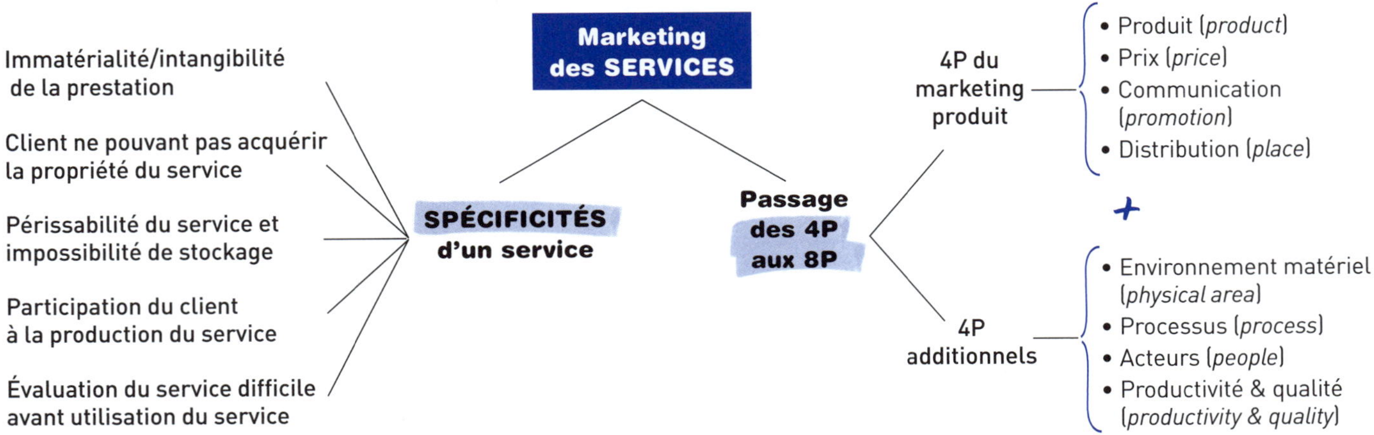

Les 8P de l'hôtel Four Seasons, George V Paris

EXEMPLE

FOUR SEASONS GEORGE V Paris

Environnement matériel

Immeuble Haussmannien
Décoration florale par Jeff Leatham, fleuriste et directeur artistique

Produit

Hôtel 5 étoiles ayant obtenu la distinction Palace : 244 chambres dont 59 suites, 3 restaurants étoilés, 1 spa

Processus

Parcours des clients pensé pour leur faire vivre une expérience extraordinaire, hors du temps

Prix

À partir de 2 300 € environ pour une chambre classique

Acteurs

Organisation et définition de toutes les tâches des collaborateurs en front-office ou en back-office
Uniformes créés pour les employés

Communication

Communication externe : site Internet, Réseaux sociaux
Communication interne : auprès des employés

Distribution

31, avenue George V - 75008 Paris - France
Réservation par téléphone, en ligne, sur place

Productivité & qualité

Amélioration croissante de la qualité de service de l'établissement (tant sur le plan matériel qu'immatériel)

schéma 97 Le marketing du luxe

Les entreprises qui vendent des produits de luxe doivent tenir compte d'un certain nombre de spécificités qui impactent les stratégies marketing et leur mise en œuvre. Ces modifications dépendent également du niveau de luxe des produits vendus.

Achat en ligne et livraison des produits de marques de luxe

EXEMPLE

Aujourd'hui, il est possible d'acheter en ligne un produit d'une marque de luxe dont la valeur peut atteindre 50 000 € ou plus. Et si les consommateurs sont de plus en plus des adeptes de l'e-commerce, y compris pour des produits de ce type, les entreprises doivent réfléchir à la meilleure façon de faire vivre une expérience de luxe pour ces achats.

La livraison des produits de luxe commandés en ligne est alors un point clé du processus.

Voici quelques propositions permettant aux consommateurs de vivre une expérience extraordinaire lors de cette étape du processus d'achat :

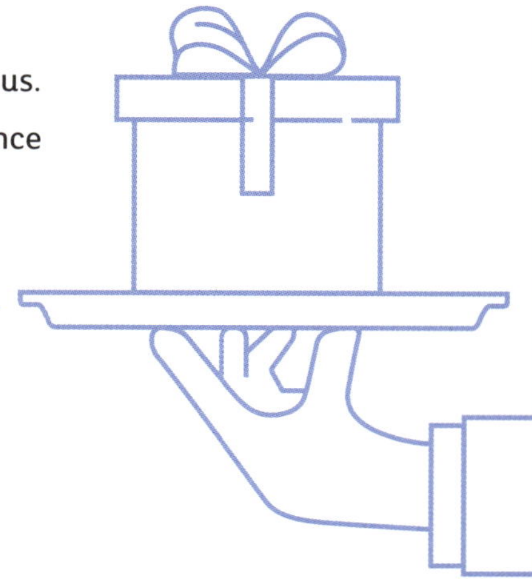

Travail sur l'emballage

Attention particulière portée aux éléments sensoriels : matériaux (boîte, papier), senteur, carte écrite à la main

Théâtralisation de la livraison

Possibilité de proposer une livraison avec un cérémonial spécifique (conseiller de vente dédié à la livraison, essayage du produit avant le départ du livreur, champagne apporté lors de la livraison)

Adaptabilité de la livraison

Possibilité de livrer n'importe quand et n'importe où, avec une personnalisation à 100 % du processus

schéma 98 Le marketing sportif

Le marketing sportif peut être défini comme une stratégie visant à promouvoir un événement sportif, un athlète, un club ou un championnat dans le but d'améliorer l'image ou les ventes. Il se divise en deux grandes catégories : le marketing du sport qui concerne la promotion du sport ou d'événements sportifs, et le marketing par le sport, qui consiste à utiliser le sport pour vendre les produits d'une entreprise.

Actions de promotion — Actions de communication

Ensemble des activités et des compétences destinées à la promotion du sport
et à l'amélioration de sa pratique et du plaisir associé

Marketing DU SPORT

Marketing SPORTIF

Marketing PAR LE SPORT

Utilisation du sport comme outil de communication
pour améliorer les ventes de produits d'une entreprise

Sponsoring / Mécénat
Soutien financier ou matériel (avec contrepartie directe) d'un événement ou club sportif par une entreprise

Naming
Action de nommer une enceinte de sport (stade) au nom d'une entreprise

Ambassadeurs
Utilisation d'un personnage célèbre (ici sportif) qui soutient et promeut une marque ou les produits qu'elle distribue ou fabrique

Marketing du sport *vs.* Marketing par le sport

EXEMPLE

Marketing DU SPORT

↓

PASS SPORT DE 50 €

créé par le gouvernement français

Objectif :

Inciter la pratique d'un sport
en soutenant financièrement les familles
de 5,4 millions d'enfants

Communication :

Campagne publicitaire
autour de deux ambassadeurs,
Laure Boulleau,
footballeuse professionnelle
et **Tony Parker**,
basketteur professionnel

Marketing PAR LE SPORT

↓

TONY PARKER pour Kinder Bueno

(AMBASSADEUR)

Objectif :

Utiliser une star du basket français
pour développer la notoriété et la désirabilité
d'une barre chocolatée aux noisettes

DECATHLON ARENA - Stade Pierre Mauroy

(NAMING)

Objectif :

Accroître la visibilité de la marque Decathlon
en soutenant le stade de la ville de Lille et, en
contrepartie, en apposant son nom au lieu sportif

schéma 99 Le marketing *Business to Business*

Le marketing BtoB (ou marketing *Business to Business*) regroupe l'ensemble des techniques marketing utilisées dans le cadre du commerce inter-entreprises. Il s'appuie généralement sur la même démarche que le marketing BtoC (ou marketing *Business to Consumer*) mais doit intégrer un certain nombre d'adaptations du fait des caractéristiques propres au commerce inter-entreprises.

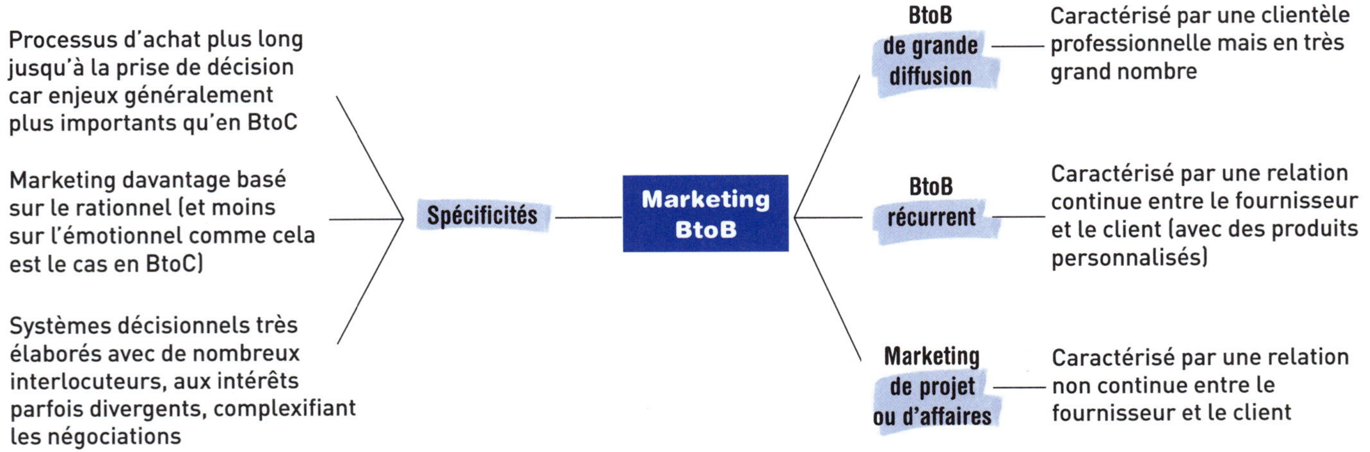

Les sous-traitants des marques de mode de luxe

EXEMPLE

Les grandes marques de luxe possèdent leurs propres ateliers de création et de confection. Mais elles font également appel à des sous-traitants pour la fabrication de broderies, de dentelles, de décors en plumes ou autres savoir-faire d'exception. Ces entreprises sous-traitantes qui travaillent pour des marques comme Chanel, Dior ou Yves Saint Laurent, évoluent donc essentiellement dans un contexte BtoB.

Par exemple, la marque Chanel collabore avec :

- L'atelier **Montex** pour la broderie
- La maison **Lemarié** pour la plumasserie et la confection de fleurs en tissu
- La maison **Lognon** pour les tissus plissés
- La maison **Michel** pour les chapeaux et accessoires de tête.

Ces ateliers et maisons dépendent souvent quasi totalement des commandes des grandes maisons de luxe, ce qui représente un risque certain pour leur pérennité, si du jour au lendemain, elles décidaient de ne plus collaborer. Pour remédier à ce problème de dépendance envers les grandes marques, certains ateliers ont décidé de compléter leur activité de sous-traitant en devenant des marques propres et en vendant directement leurs créations. Ceux-ci n'évoluent donc plus uniquement dans un contexte BtoB mais également BtoC.

schéma 100 Le marketing politique

Le marketing politique consiste à promouvoir un homme ou un projet politique sur le modèle des techniques du marketing. La finalité étant sensiblement différente de l'approche marchande habituellement associée au marketing, des adaptations sont nécessaires, notamment en ce qui concerne le marketing opérationnel.

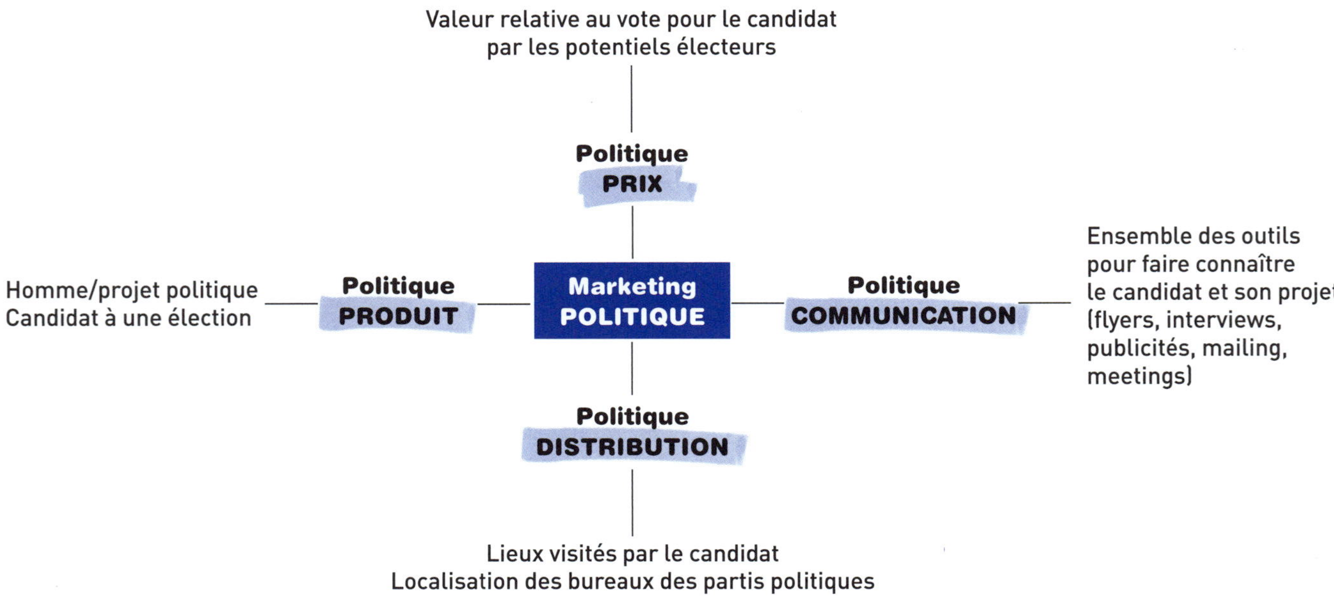

Extrait de l'article de presse

“ De la com politicienne à la communication politique ”

EXEMPLE

Par **François Belley**
Publié le 23 octobre 2023 par *Stratégies*

“ L'ère de la com jalonnée de buzz, de déplacements-happening et de petites phrases gratuites est révolu. La communication politique ne doit plus voir le silence comme un vide mais plutôt comme un signe d'autorité, de calme et de force.

(...)

La communication politique aujourd'hui doit se faire aussi «hors médias», c'est-à-dire par-delà les écrans de smartphone et de télévision. Le politique n'a pas d'autre choix. La complexité du monde doit le pousser à revenir au plus vite dans le réel. C'est à mon sens le grand enjeu de demain, ce liant d'avec la vie en vrai qu'il convient de retrouver pour regagner la confiance des électeurs et rendre de nouveau la politique attractive. Que le politique qui aime être vu soit ici rassuré : de lui-même, le citoyen smartphone saura filmer, relayer et donner l'écho médiatique nécessaire s'il juge, en sa qualité de premier témoin, un propos intelligent ou une action courageuse. Dans l'univers commercial, les marques l'ont bien compris. S'il cesse d'être trompé et infantilisé, le consommateur peut devenir, du jour au lendemain, un vrai ambassadeur. Il en sera de même, demain, avec un citoyen sollicité et de nouveau respecté.

Enfin, il convient d'aller vers une communication politique pensée et construite sur du temps long, indispensable à l'homme d'État. Dans un avenir proche, la prime reviendra au politique capable, avec des thèmes non pas porteurs mais prioritaires, d'avoir une vision et de s'inscrire dans la durée. Autrement dit, l'action du temps long doit prendre le pas définitivement sur l'annonce du temps court. La « compol » est à un tournant. Une chose est sûre : en politique, la com est morte. Vive la communication. ”

schéma 101 Le marketing culturel

Le marketing culturel est l'application et l'adaptation des techniques marketing au secteur de la culture. Il peut être utilisé pour différents types de produits ou services culturels comme les arts plastiques, les musées et expositions, les livres, le cinéma, les spectacles vivants ou encore les émissions de radio ou de télévision.

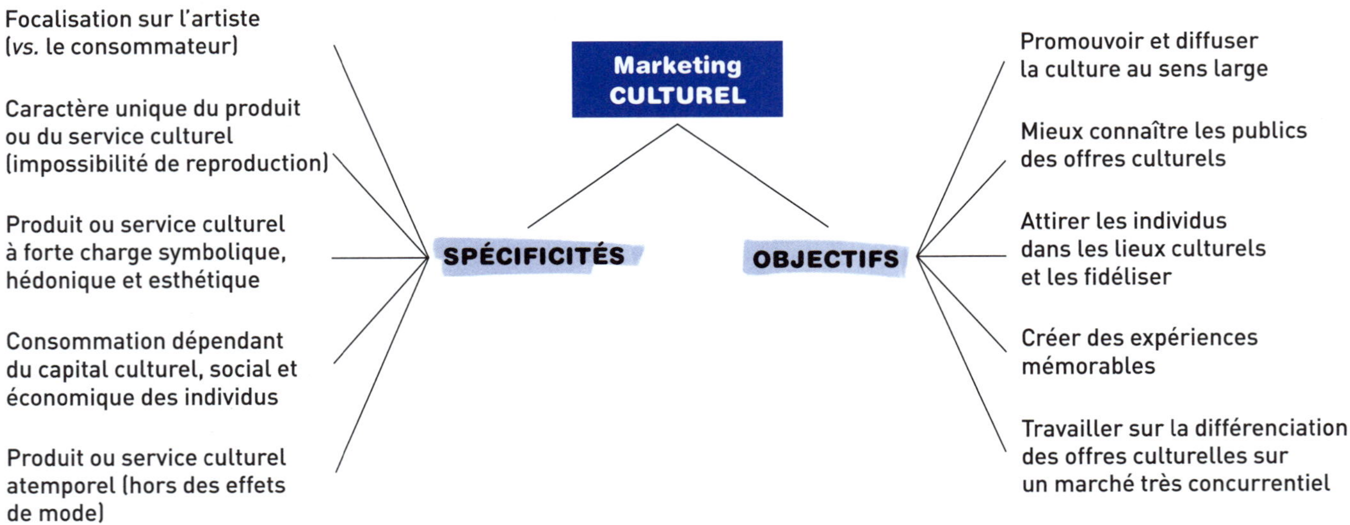

Extrait de l'article de presse

Des musées et des publicités

Publié le 1er mars 2021 sur le site *Pubosphere*

EXEMPLE

LES RÉSEAUX SOCIAUX : CRÉATEURS DE LIEN AVEC LES PUBLICS DES MUSÉES

« Les réseaux sociaux sont utiles pour créer du lien avec les publics et de ce fait leur faire penser à votre organisme lorsqu'ils envisagent une visite culturelle. Ils permettent de rendre l'institution plus attractive, faire participer l'audience et l'inciter à vouloir créer sa propre expérience de visite et la partager avec les autres.

Au fil des années, nous avons vu les musées développer leur présence sur les différents réseaux sociaux. Le lancement de la Museum Week en 2014 sur Twitter a été un tournant, même si certaines institutions étaient déjà présentes sur la plateforme, cela en a convaincu d'autres de la rejoindre. Le parti pris a été de sortir de la pure communication pour montrer un aspect plus social des musées et le réseau va être utilisé pour en montrer les coulisses lors de leur jour de fermeture hebdomadaire par exemple avec le hashtag #jourdefermeture.

Seul l'avènement des réseaux sociaux a pu permettre au public de plonger dans les coulisses de la mise en place d'une exposition.

(...)

De plus, le rôle des influenceurs qui sont suivis par des millions de personnes sur la plateforme est non négligeable. Par exemple, quand on voit certains influenceurs comme Jeanne Damas (avec plus d'1 million d'abonnés) faire la promotion d'expositions et qu'on voit le nombre de likes associés à la publication ci-dessous mettant en avant une visite de l'exposition Matisse au Centre Pompidou, plus de 37 000 likes et plus de 150 commentaires alors que la page du Centre Pompidou comptabilise 1 million d'abonnés et dont les publications atteignent rarement plus de 10 000 likes, on peut se rendre compte du bénéfice que cela représente pour le musée. »

QUIZ Partie 5

Chapitre 17 : Les nouveaux défis du marketing

1) En marketing, l'objectif du Big Data est de :

a. collecter un très grand nombre de données plus fac lement.

b. analyser un très grand nombre de données plus facilement.

c. collecter et analyser un très grand nombre de données plus facilement.

2) Le marketing vert a pour objectif de :

a. développer et vendre des produits respectueux de l'environnement.

b. développer les ventes des produits issus de l'agriculture.

c. développer la communication du salon de l'agricultt re.

3) La tarification verte correspond à :

a. un prix plus élevé pour permettre de faire des dons à des associations écologiques.

b. une transparence sur les prix des produits.

c. des prix significativement moins chers par rapport aux produits concurrents.

4) Le marketing social ne s'intéresse qu'aux évolutions et changement de la société :

a. vrai. b. faux.

Chapitre 18 : Le marketing au-delà des produits de grande consommation

5) Le marketing des services est composé :

a. 4P. b. 6P. c. 8P.

6) Les trois niveaux du marketing du luxe sont :

a. le luxe accessible, le luxe intermédiaire et le luxe inaccessible.

b. le luxe accessible, le luxe premium et le luxe inaccessible.

c. le luxe abordable, le luxe intermédiaire et le luxe inabordable.

7) Le marketing par le sport correspond à :

a. l'utilisation du sport comme outil de communication efficace pour améliorer les ventes de produits d'une entreprise.

b. l'ensemble des activités et des compétences destinées à la promotion et à l'amélioration du plaisir et de la consommation du sport.

8) Le *naming* est :

a. l'action de donner un nom à un produit d'une entreprise.

b. l'action de donner à une enceinte de sport (stade) le nom d'une entreprise.

c. l'action de nommer un produit de la même façon que l'entreprise.

9) Une PME de tissus qui fournit en matières premières une grande marque de vêtements comme Zara correspond à une situation de :

a. BtoB de grande diffusion.
b. BtoB récurrent.
c. BtoC.

10) Au sein du marketing politique, la politique produit fait référence :

a. à l'homme politique ou au candidat à une élection.
b. à la vente de goodies pour promouvoir un candidat à une élection.
c. aux flyers distribués pour faire connaître un candidat à une élection.

11) Le marketing culturel correspond :

a. l'application et l'adaptation des techniques marketing au secteur de la culture.
b. l'utilisation de célébrités issues du monde culturel pour promouvoir un produit ou un service d'une entreprise.

POUR ALLER PLUS LOIN, scannez le QR code pour accéder à plus de QCM !

www.lienmini.fr/413632-06

Réponses : 1/c ; 2/a ; 3/b ; 4/b ; 5/c ; 6/a ; 7/a ; 8/b ; 9/b ; 10/a ; 11/a

LEXIQUE Partie 5

Big Data : Ensemble de très gros volumes de données qui peuvent être traitées et exploitées dans le but d'en tirer des informations intelligibles et pertinentes.

***Greenwashing* (ou écoblanchiment)** : Procédé de marketing ou de relations publiques utilisé par une organisation pour se donner une image trompeuse de responsabilité écologique.

Intelligence artificielle : Ensemble des théories et des techniques développant des programmes informatiques complexes capables de simuler certains traits de l'intelligence humaine (raisonnement, apprentissage).

Marketing BtoB : Ensemble des techniques marketing utilisées dans le cadre du commerce interentreprises.

Marketing BtoC : Ensemble des techniques marketing menées par les entreprises dans le but de promouvoir un produit.

Marketing culturel : Application et adaptation des techniques marketing à la culture, en tenant compte des spécificités du secteur.

Marketing des services : Ensemble des techniques marketing utilisées pour la création et la commercialisation de services.

Marketing digital : Ensemble des techniques du marketing utilisant des supports et des canaux numériques pour promouvoir des produits ou des services, augmenter les ventes, donner de la visibilité et de la crédibilité aux entreprises et attirer les clients.

Marketing du luxe : Ensemble des techniques marketing utilisées pour la création et la commercialisation de produits de luxe en tenant compte des spécificités du secteur.

Marketing politique : Ensemble des techniques marketing utilisées pour promouvoir un homme ou un projet politique sur le modèle des techniques de marketing commercial.

Marketing social : Utilisation des principes et techniques du marketing pour influencer le comportement d'un public cible dans le but d'améliorer le bien-être et la santé des individus et d'atteindre des objectifs de changement social.

Marketing sportif : Ensemble des techniques marketing visant à promouvoir un événement sportif, un sportif, un club ou un championnat dans le but d'améliorer son image ou ses ventes.

Marketing vert : Ensemble des techniques marketing utilisées pour la création et la commercialisation de produits respectueux de l'environnement.

Réalité virtuelle : Ensemble de technologies qui immergent une personne dans une reproduction numérique du monde réel ou dans un monde imaginaire.

***Social washing* (ou blanchiment social)** : Procédé de marketing ou de relations publiques utilisé par une organisation pour se donner une image trompeuse de responsabilité sociale.

PEFC/10-31-1895

Achevé d'imprimer en Août 2024 par l'imprimerie Chirat en France
Dépôt légal : Septembre 2024 - N° 202406.0043

N° éditeur : MAGSI20240245